"十四五"职业教育国家规划教材配套教材
"十二五"职业教育国家规划教材 修订版
经全国职业教育教材审定委员会审定
高等职业教育路桥类专业"新形态一体化"系列教材

道路工程制图习题集

第3版

主　编　赵云华
副主编　刘　璇　于馥丽
参　编　杨广云　赵玉肖　邵海仓
主　审　马国峰

机械工业出版社

本书与赵云华主编的"十四五"职业教育国家规划教材、"十二五"职业教育国家规划教材（修订版）《道路工程制图 第4版》相配套，主要有以下内容：熟悉道路工程制图国家标准、绘制平面图形、绘制简单形体的投影图、分析形体上基本元素的投影、识读与绘制道路工程中常见形体的投影图、绘制形体的轴测投影图、识读与绘制道路工程构件的构造图、识读与绘制标高投影图、识读公路路线工程图、识读城市道路工程图、识读桥梁工程图、识读涵洞工程图、识读隧道工程图。

本书可作为高等职业教育道路与桥梁工程技术、道路工程造价、市政工程技术等相关专业的教材，也可供相关技术人员参考使用。

本书配有习题答案，凡使用本书作为教材的教师可登录机械工业出版社教育服务网www.cmpedu.com 进行注册下载。咨询电话：010-88379375。

图书在版编目（CIP）数据

道路工程制图习题集/赵云华主编. —3版. —北京：机械工业出版社，2022.8（2024.9重印）
高等职业教育路桥类专业"新形态一体化"系列教材. "十二五"职业教育国家规划教材：修订版
ISBN 978-7-111-69236-2

Ⅰ.①道… Ⅱ.①赵… Ⅲ.①道路工程-工程制图-高等职业教育-习题集
Ⅳ.①U412.5-44

中国版本图书馆CIP数据核字（2022）第077003号

机械工业出版社（北京市百万庄大街22号　邮政编码100037）
策划编辑：沈百琦　　　　责任编辑：沈百琦
责任校对：王明欣　李　婷　封面设计：鞠　杨
责任印制：单爱军
保定市中画美凯印刷有限公司印刷
2024年9月第3版第6次印刷
260mm×184mm·12.25印张·154千字
标准书号：ISBN 978-7-111-69236-2
定价：42.00元

电话服务　　　　　　　网络服务
客服电话：010-88361066　机　工　官　网：www.cmpbook.com
　　　　　010-88379833　机　工　官　博：weibo.com/cmp1952
　　　　　010-68326294　金　书　网：www.golden-book.com
封底无防伪标均为盗版　机工教育服务网：www.cmpedu.com

前　　言

本书与赵云华主编的"十四五"职业教育国家规划教材、"十二五"职业教育国家规划教材（修订版）《道路工程制图　第4版》相配套。

本次修订之前，我们邀请多位道路工程的一线专家，对高等职业教育道路与桥梁工程技术、道路工程造价、市政工程技术等相关专业进行了工作任务和职业能力的分析，并且对"道路工程制图"课程的教学任务和教学内容提出了调整意见，注重产教融合、校企合作，兼顾工学结合、知行并重。高等职业教育"道路工程制图"课程应突出识读道路工程图能力的培养，且兼顾绘图能力的培养；同时，为完成立德树人的根本任务，助力"三教"改革，应注重课堂效果，发挥正向引导作用，提升职业教育的育人质量。

本书内容有以下特点：

1. 以工作任务为载体，优化书稿内容，使学生更熟悉实际工程图，更了解岗位技能的需求。一是将点、线、面投影部分的习题设计为分析道路桥梁形体上点、线、面的投影，并配有立体图，有助于培养学生的读图能力；二是剖面图、断面图部分的习题增加了更多的工程实例，突出了道路工程中的规定画法；三是识读道路路线、桥梁、涵洞、隧道工程图等部分的习题更贴近工程实际。

2. 增加数字资源，利于学生自主学习，创新教学模式，符合"互联网+职业教育"发展需求。一方面，书中多数习题均配有三维立体模型，模型可以旋转、缩放，多角度观察，学生可以通过扫码查看，对照立体图分析投影图与空间形体之间的关系，在做题的过程中潜移默化地提高空间思维能力；另一方面，书中项目九到项目十三配有习题解答类微课视频，帮助学生解决困惑，便于对知识点的掌握。

本书在选用上有以下几点建议：

1. 本书的习题数量较多，难度由浅入深，应根据学生的具体情况选择相应的习题供学生练习。

2. 道路工程图识读（公路路线工程图识读、城市道路工程图识读、桥梁工程图识读、涵洞工程图识读、隧道工程图识读）是与工程联系最紧密的部分，而学生没接触过工程实际，所以我们用了较大的篇幅插入了各种方位的立体图，希望学生在学习的过程中能对照立体图仔细识读工程图。

3. 书中标注"＊"的习题为选做题，可根据实际情况选㧟。

本次修订由赵云华主编，刘璇负责全书的三维立体模型的制作。具体编写分工如下：项目一、项目三、项目四、项目五、项目六　项目七由山西工程科技职业大学刘璇编写；项目九、项目十一由山西工程科技职业大学杨广云编写；项目八由河北交通职业技术学院赵玉肖编写；项目二、项目十二由山西工程科技职业大学于馥丽编写；项目十由山西诚信市政建设有限公司邵海仓编写；项目十三由山西工程科技职业大学赵云华编写。

由于编者水平有限，书中缺点、错误在所难免，恳请广大读者批评指正。

编　者

本书微课视频清单

序号	名称	图形	序号	名称	图形	序号	名称	图形
1	9-1 路线平面图		6	10-3 城市道路纵断面图		11	11-3 中板钢筋结构图	
2	9-2 路线纵断面图		7	10-4 城市道路排水施工平面图		12	11-5 桥面铺装钢筋构造图	
3	9-3 路基横断面图		8	10-5 城市道路雨水排水施工纵断面图		13	11-6 桥面连续钢筋构造图	
4	10-1 城市道路横断面图		9	11-1 桥型总体布置图		14	11-8 桥台盖梁钢筋构造图	
5	10-2 城市道路平面图		10	11-2 空心板构造图		15	11-9 桥墩桩基础钢筋构造图	

(续)

序号	名称	图形	序号	名称	图形	序号	名称	图形
16	12-1 钢筋混凝土盖板涵一般构造图		19	13-1 隧道洞门图		22	13-4 二次衬砌钢筋设计图	
17	12-2 钢筋混凝土圆管涵一般构造图		20	13-2 隧道衬砌断面设计图				
18	12-3 石拱涵一般构造图		21	13-3 钢拱架支撑构造图				

目　　录

前言

本书微课视频清单

项目一　熟悉道路工程制图国家标准 ··· 1

项目二　绘制平面图形 ··· 3

项目三　绘制简单形体的投影图 ·· 6

项目四　分析形体上基本元素的投影 ·· 14

项目五　识读与绘制道路工程中常见形体的投影图 ································· 21

项目六　绘制形体的轴测投影图 ·· 31

项目七　识读与绘制道路工程构件的构造图 ·· 34

项目八　识读与绘制标高投影图 ·· 41

项目九　识读公路路线工程图 ··· 43

项目十　识读城市道路工程图 ··· 49

项目十一　识读桥梁工程图 ·· 60

项目十二　识读涵洞工程图 ·· 78

项目十三　识读隧道工程图 ·· 84

参考文献 ··· 95

项目一　熟悉道路工程制图国家标准

1-1　工程字练习

钢 筋 混 凝 土 结 构 交 通 建 筑 道 路 桥 梁 料 梁 板 支 柱 桩

制 图 标 准 线 型 尺 寸 结 构 施 工 原 理 涵 线 附 注 平 立 剖

1-2 根据立体图中给出的尺寸，在平面图上正确标注。

(1)

(2)

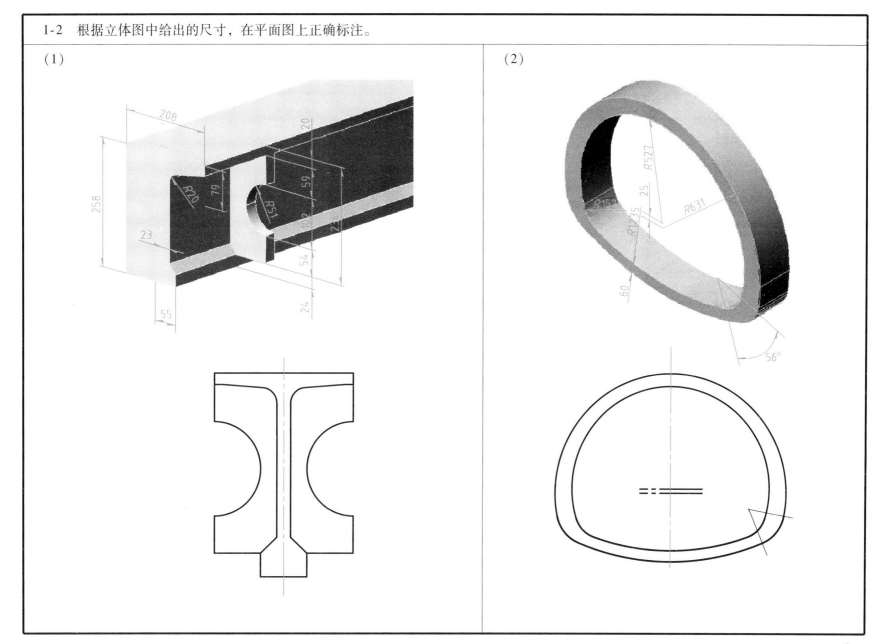

项目二　绘制平面图形

2-1　抄绘图示隧道超前支护纵断面图。

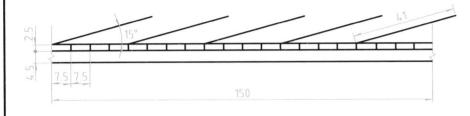

2-2　抄绘图示涵洞端墙的立面图。

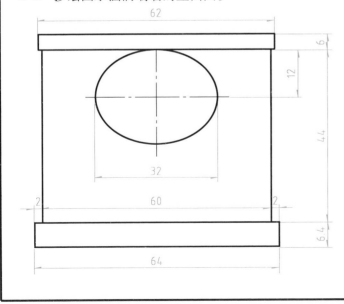

2-3 抄绘所给出的图样。

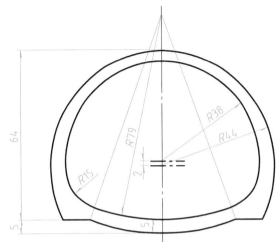

2-4 如下图是桥头锥形护坡（1/4 椭圆锥）的立体图，已知椭圆的长半轴长为 1800cm，短半轴长为 1200cm，请用 1:400 的比例在指定位置绘制椭圆。

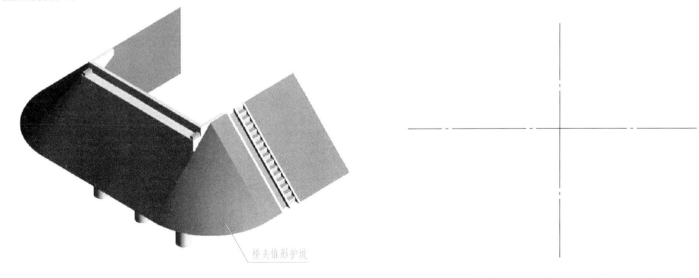

2-5 在指定位置抄绘所给出的图样（比例为 1:10）。

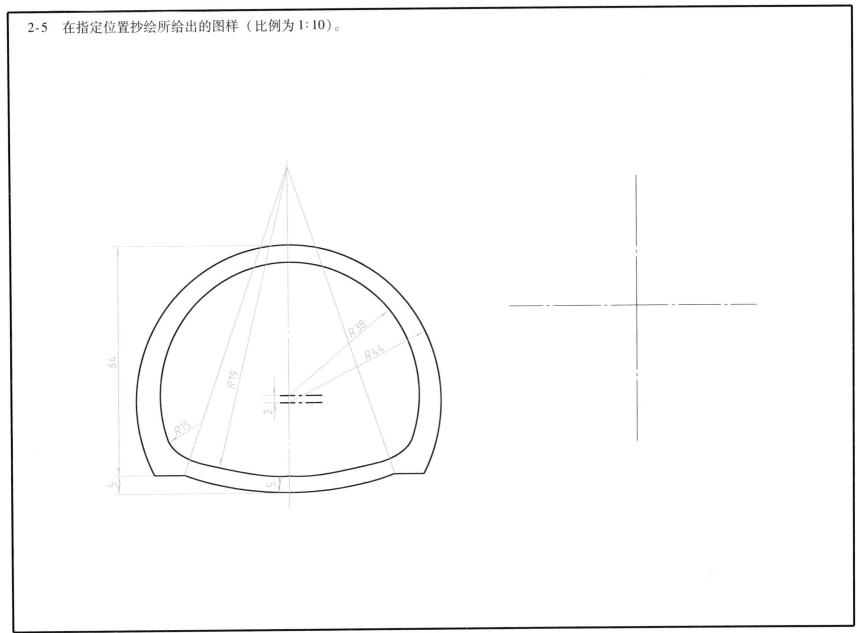

项目三　绘制简单形体的投影图

3-1（1）　将正确的 V 面投影的图号填入对应的各立体图的括号内。

3-1（2） 将正确的 H 面投影的图号填入对应的各立体图的括号内。

3-1（3） 将正确的 W 面投影的图号填入对应的各立体图的括号内。

3-2（1） 将正确的 V 面投影的图号填入对应的各立体图的括号内。

3-2（2） 将正确的 H 面投影的图号填入对应的各立体图的括号内。

3-2（3） 将正确的 W 面投影的图号填入对应的各立体图的括号内。

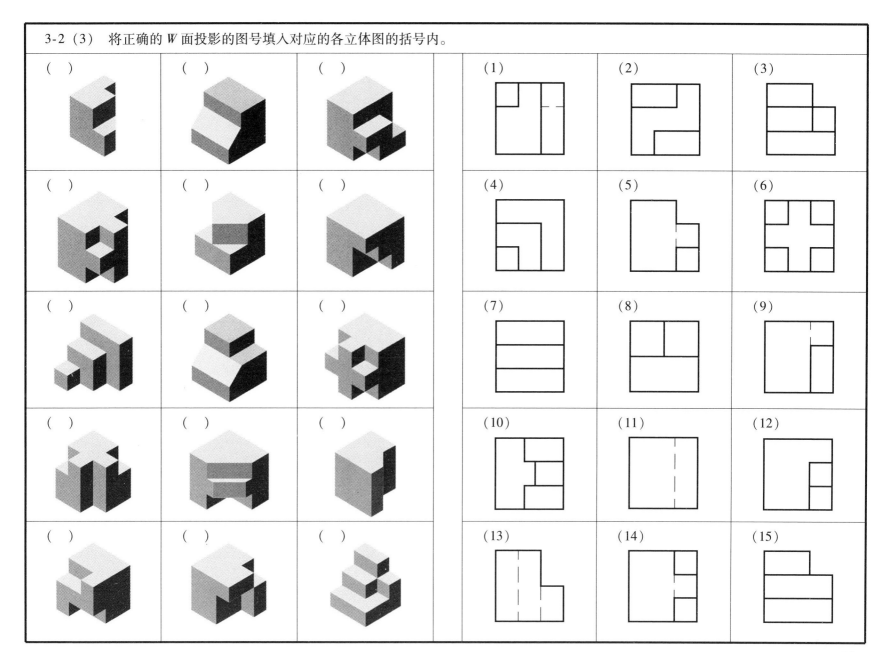

3-3 已知形体的一面投影图及其轴测投影图,请补画其他投影图(尺寸沿投影轴方向量取)。

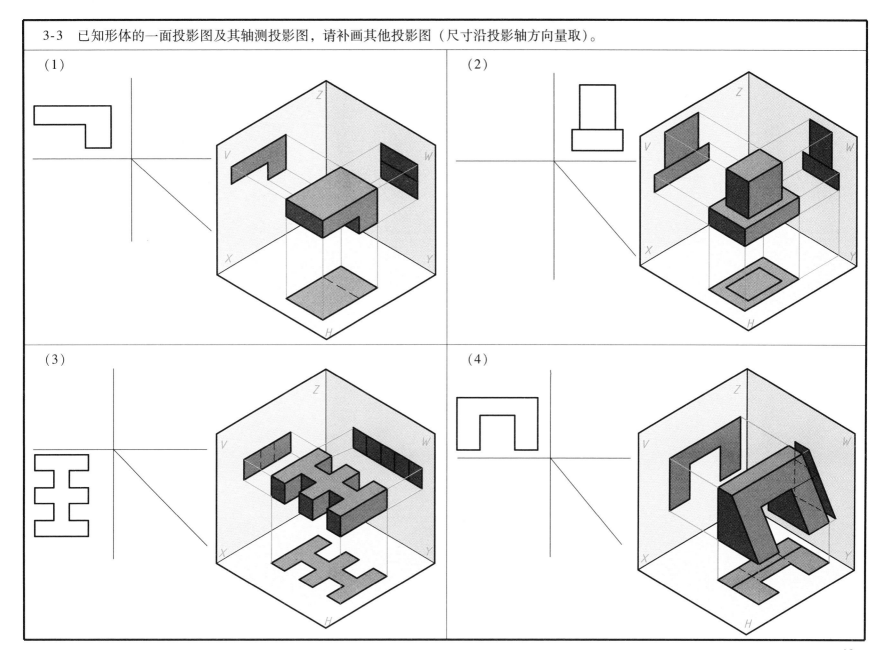

3-4 由立体图画出形体的三面投影图（尺寸按1:1在立体图上量取）。

(1)

(2)

(3)

(4)

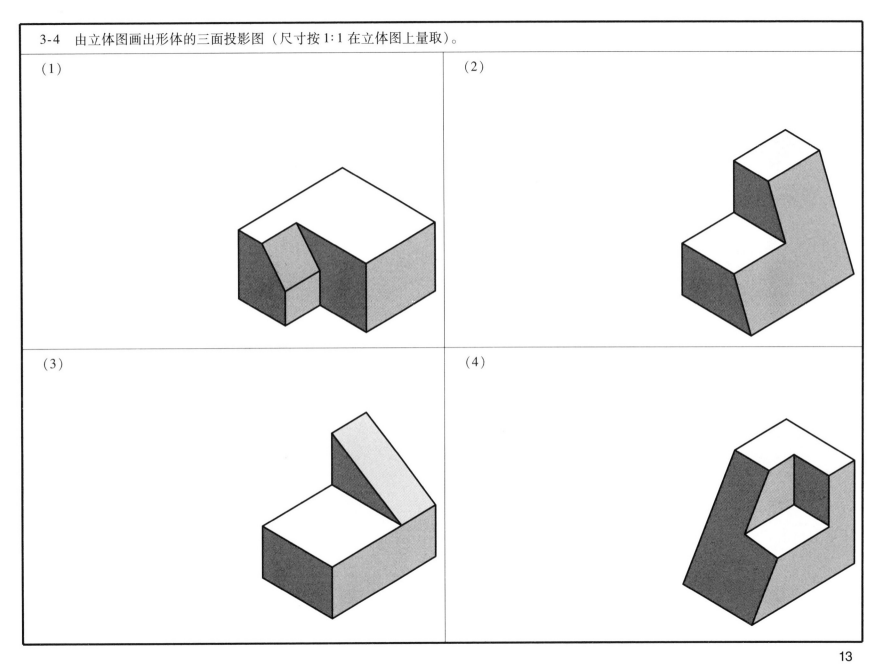

项目四　分析形体上基本元素的投影

4-1 由立体图画 A、B 两点的三面投影图（尺寸在立体图上量取）。

4-2 已知 A、B 两点的三面投影，判断 A、B 两点的位置。A 在 B 点之（　　）、之（　　）、之（　　），并在立体图上标注出空间点及其投影的位置。

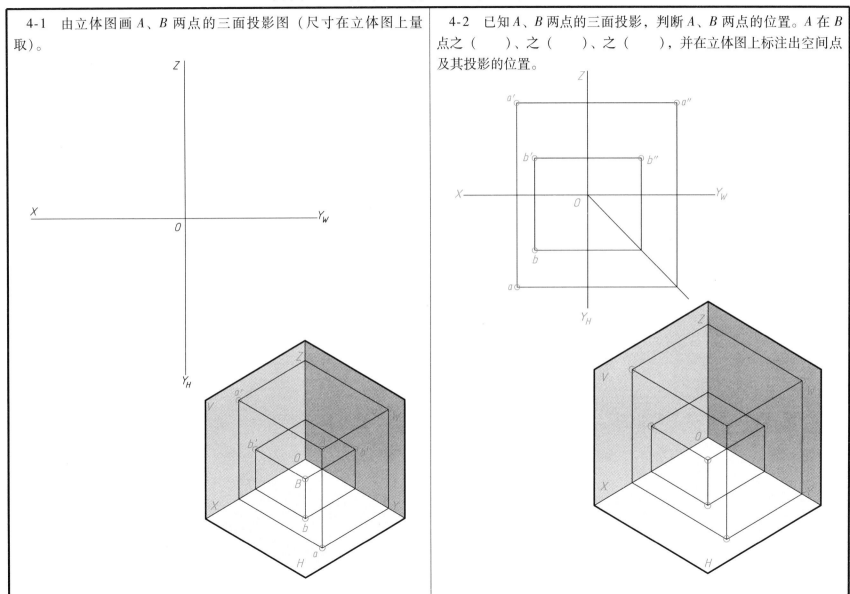

4-3 图为1/2U形桥台台身的立体示意图和其三面投影图。请参照立体图，在三面投影中找出棱线 *CD*、*EF*、*GH* 的三面投影（用粗实线或中虚线描出并标注符号），并指出它们各为何种位置的直线。

侧平线

_____线

_____线

_____线

4-4 已知形体的三面投影及形体上直线的两面投影，请画出直线的第三面投影，并在立体图中指出其位置（用粗实线或中虚线描出并标注符号），并指出它们各为何种位置的直线。

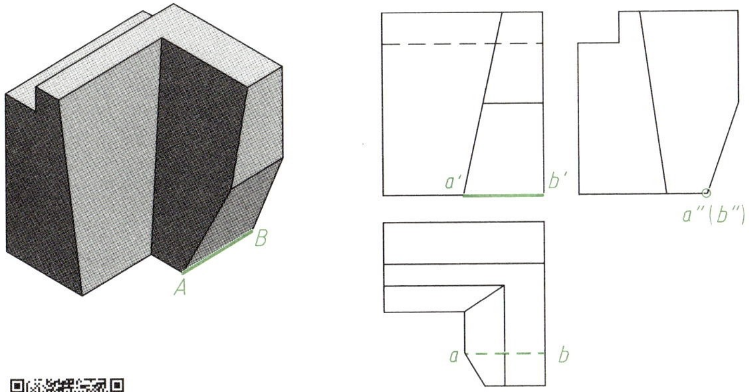

侧垂线

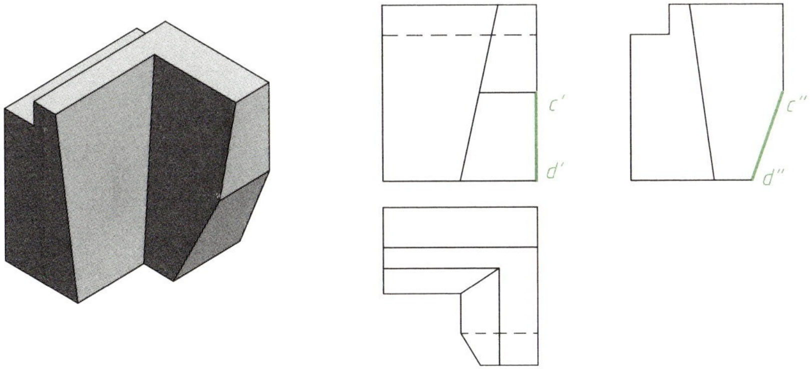

_____线

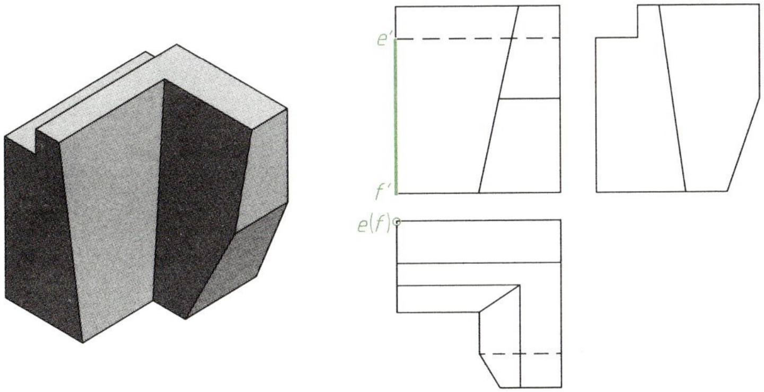

_____线

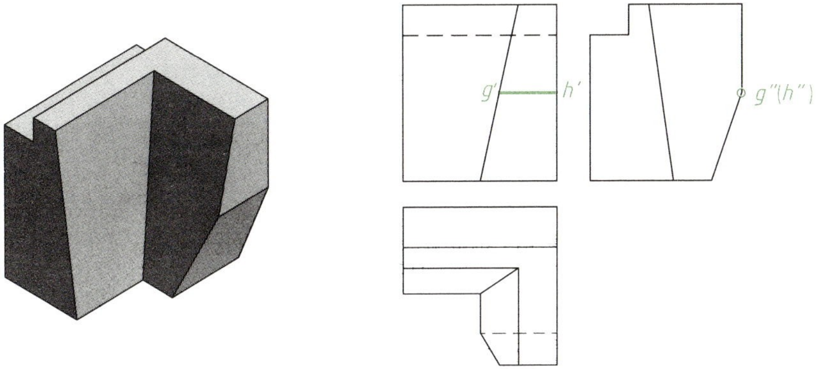

_____线

4-5 图为一涵洞八字墙的立体示意图和其三面投影图。请参照立体图，在三面投影图中找出平面 Q、R 及 ABCD 的三面投影（用粗实线或中虚线描深），并指出它们各为何种位置的平面。

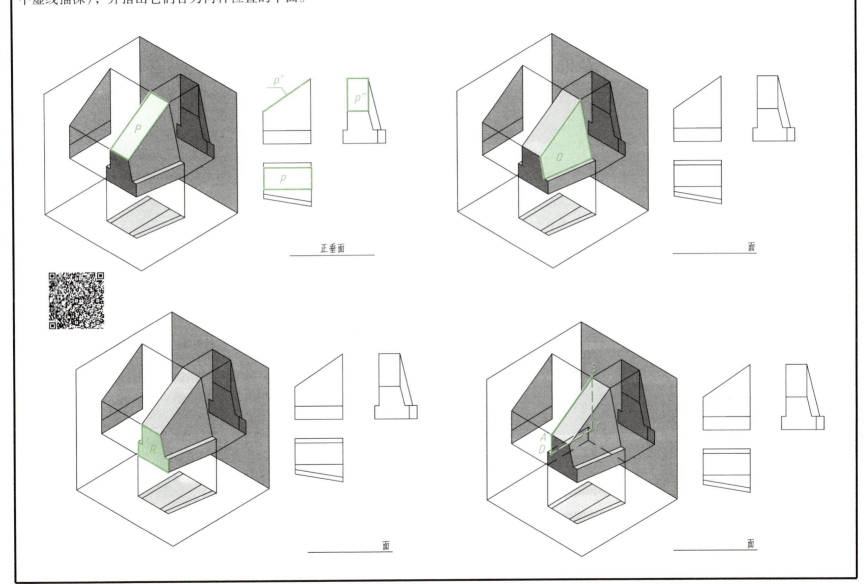

正垂面　　　　　　　　面

面　　　　　　　　　　面

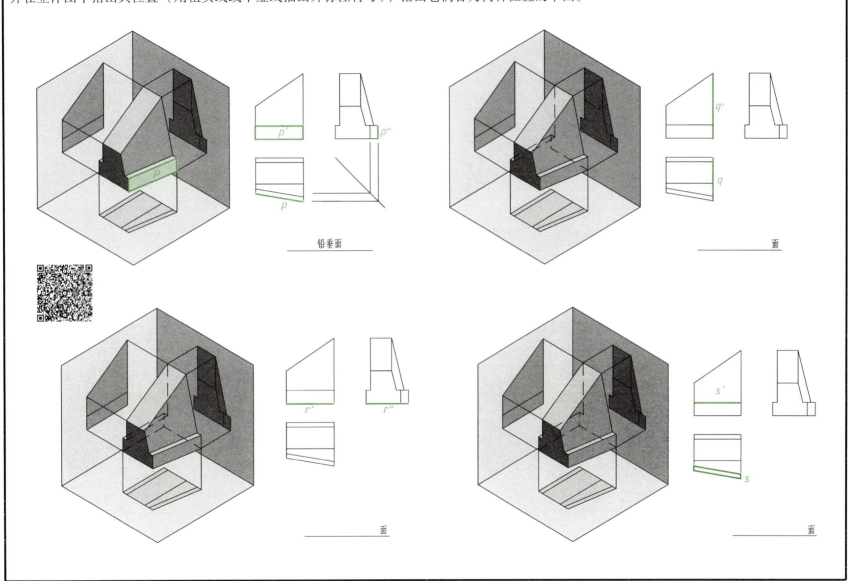

4-7 图为1/2桥台台身的立体示意图和其三面投影图。请参照立体图，在三面投影图中找出平面 Q、R 及 S 的三面投影（用粗实线或中虚线描深），并指出它们各为何种位置的平面。

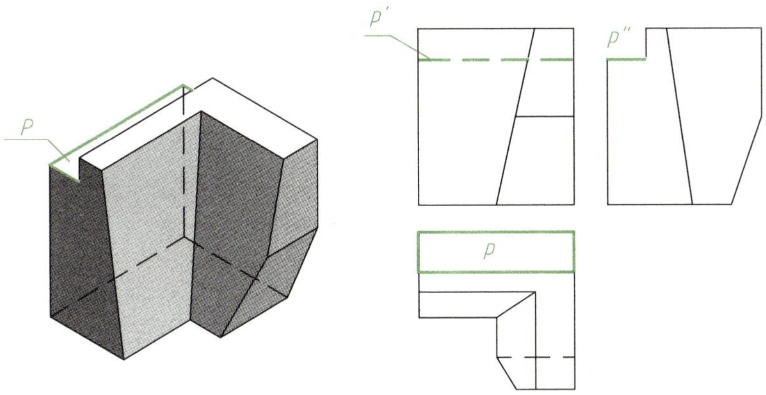

侧平面

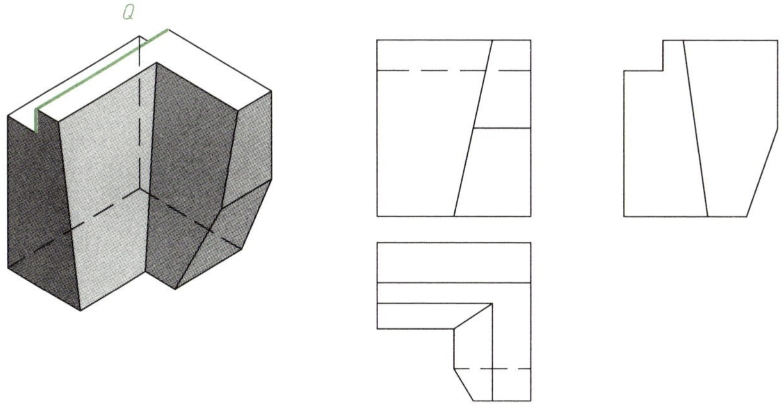

___面

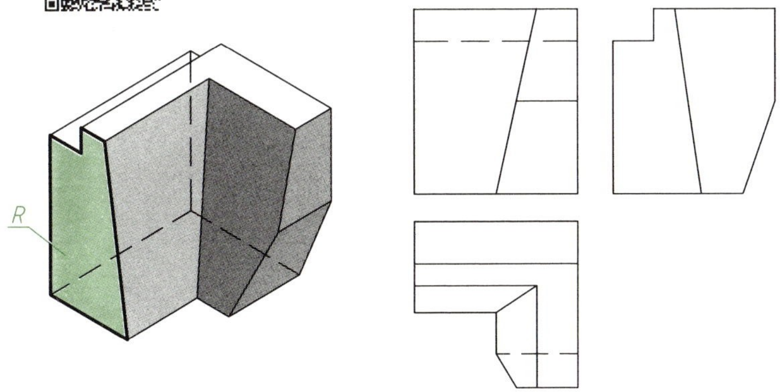

___面

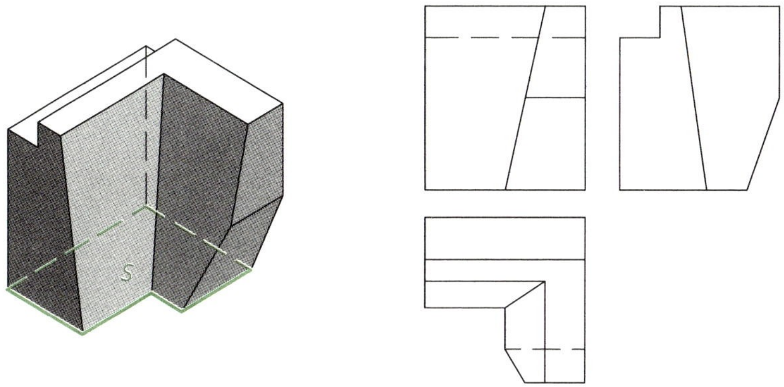

___面

4-8 已知形体（1/2 桥台台身）的三面投影及形体表面的两面投影，请画出该表面的第三面投影（用粗实线或中虚线描出并标注符号），并在立体图中指出其位置（用粗实线或中虚线描出并标注符号），指出它们各为何种位置的平面。

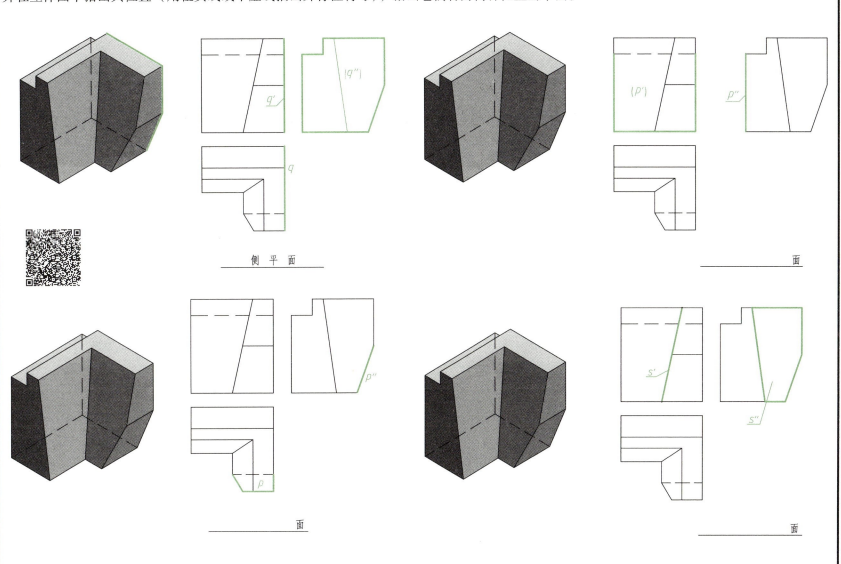

项目五 识读与绘制道路工程中常见形体的投影图

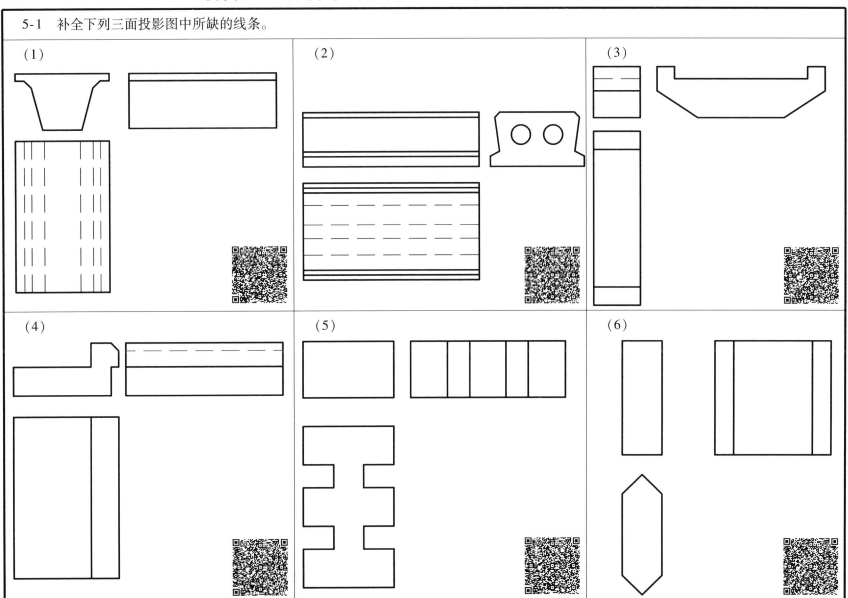

5-1 补全下列三面投影图中所缺的线条。

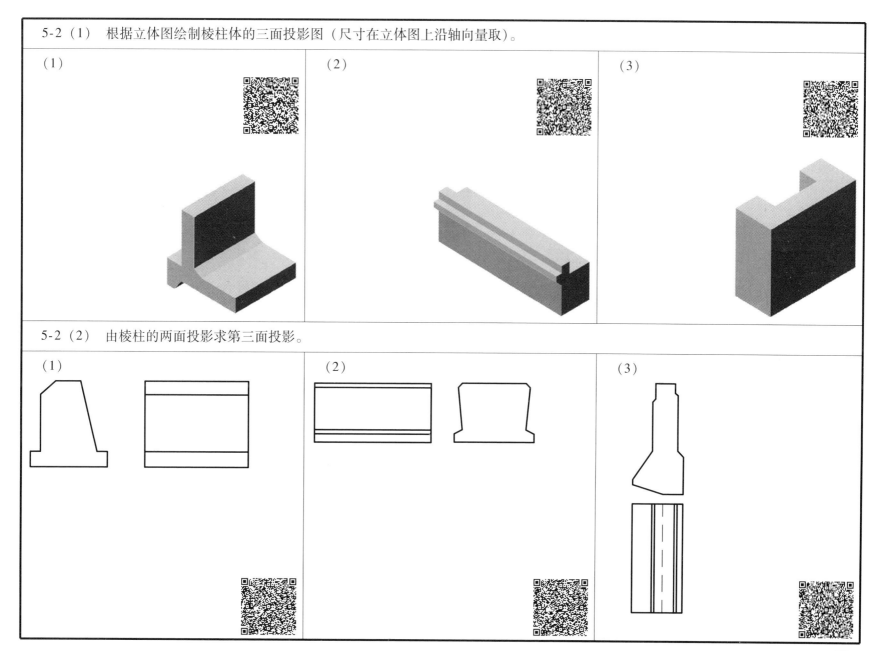

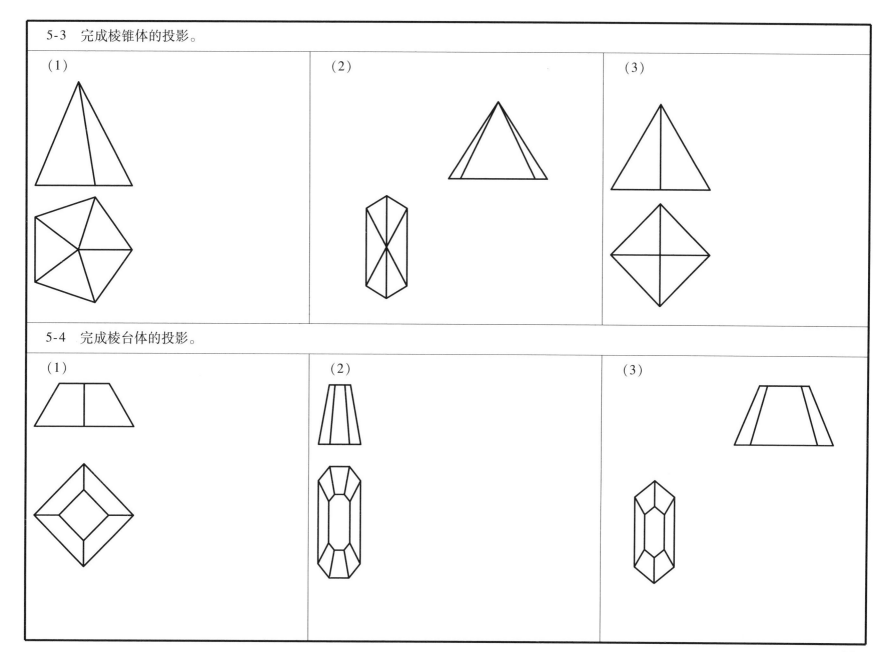

5-5 完成下列组合体的三面投影图（比例1:1）。

(1)

(2)

(3)

(4)

(5)

(6)

5-6 补全下列三面投影图中所缺的线条。

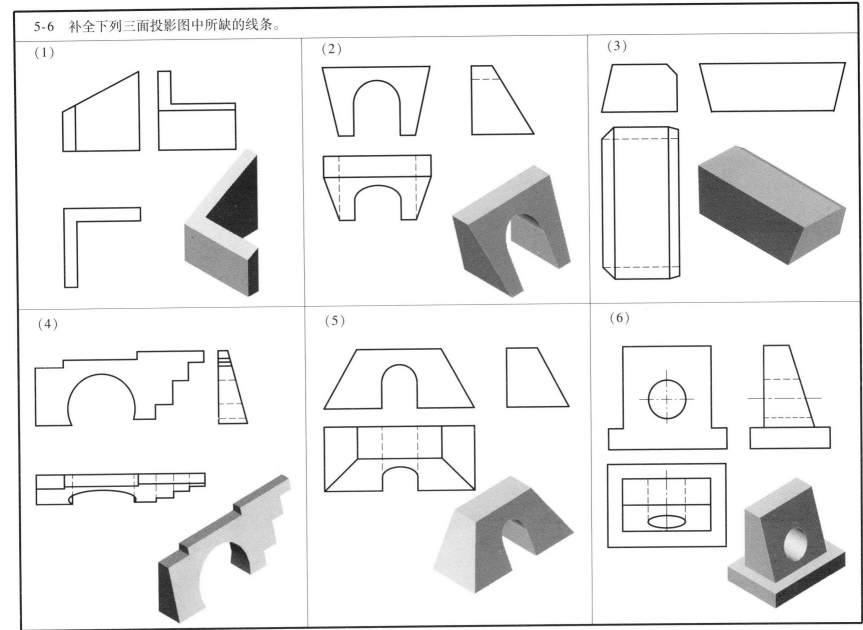

5-7 补全下列三面投影图中所缺的线条。

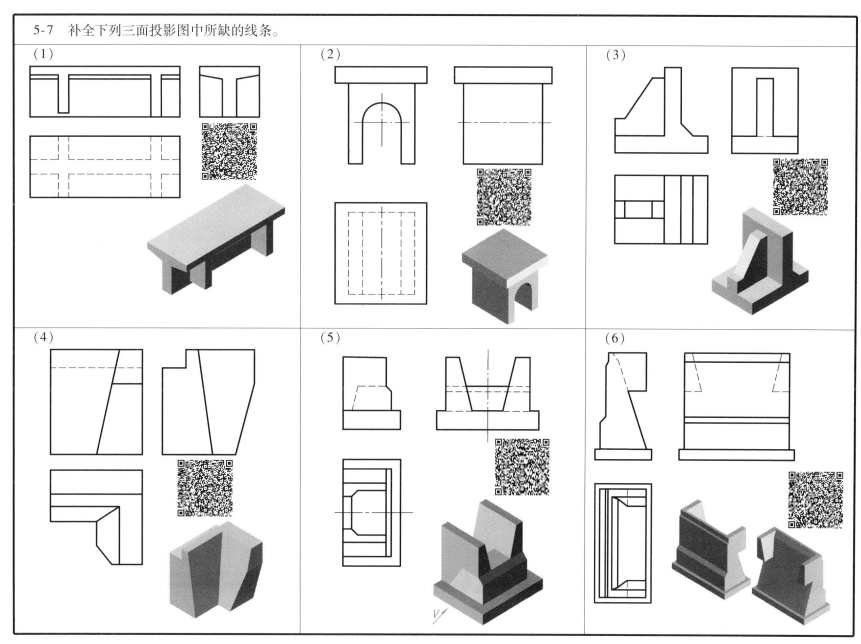

5-8 已知形体的两面投影，完成第三面投影。

(1)

(2)

(3)

(4)

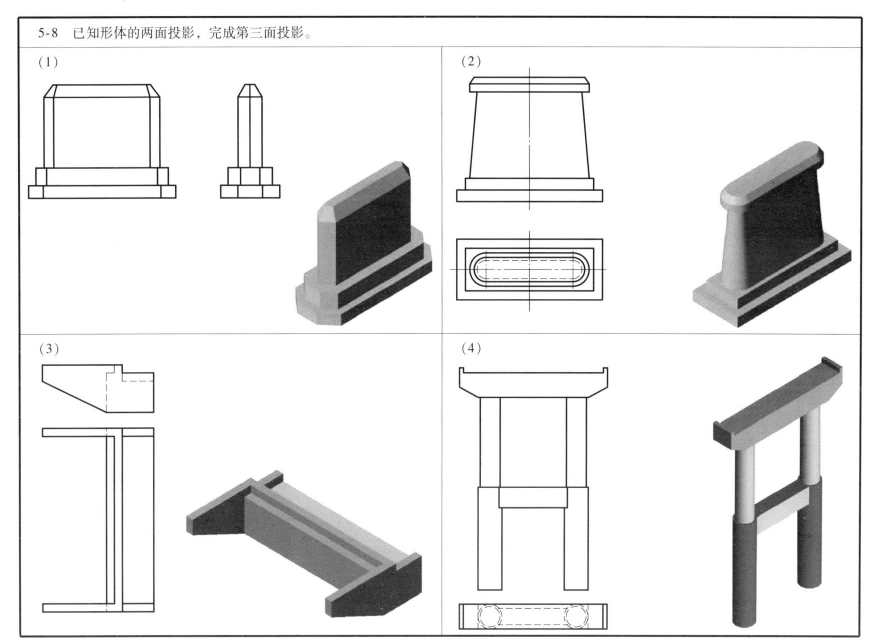

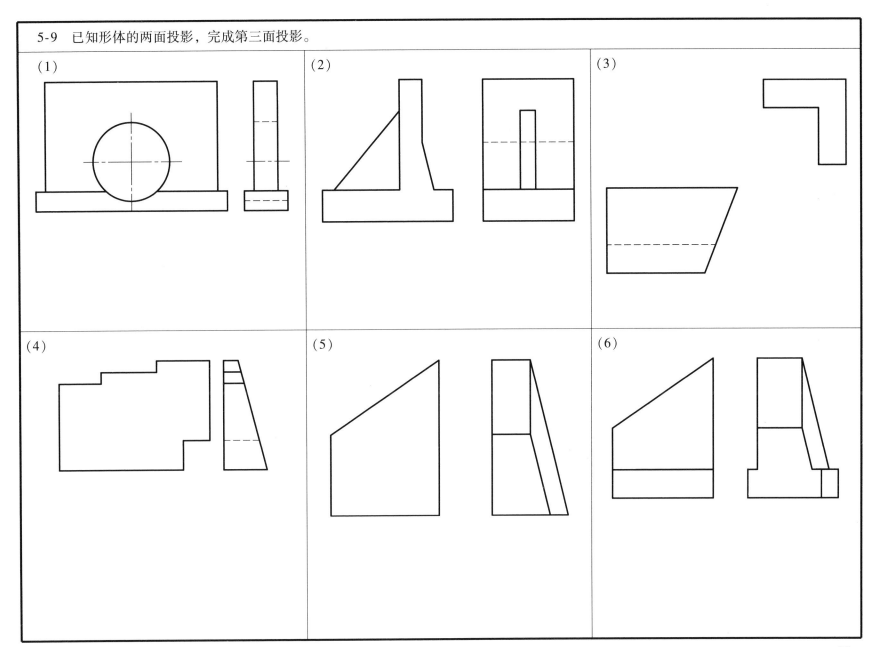

5-10* 已知形体的两面投影,完成第三面投影。

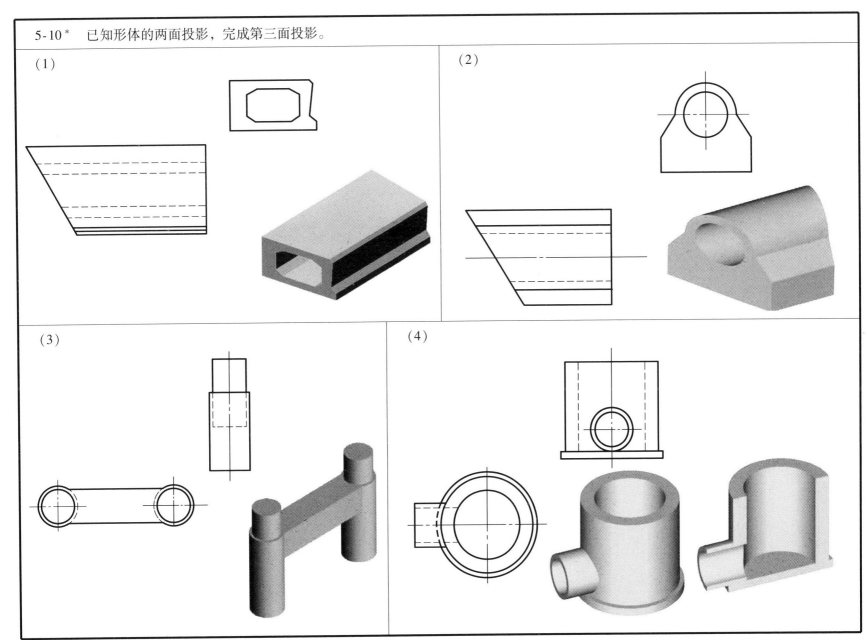

5-11* 已知形体的两面投影，完成第三面投影。

(1)

(2)

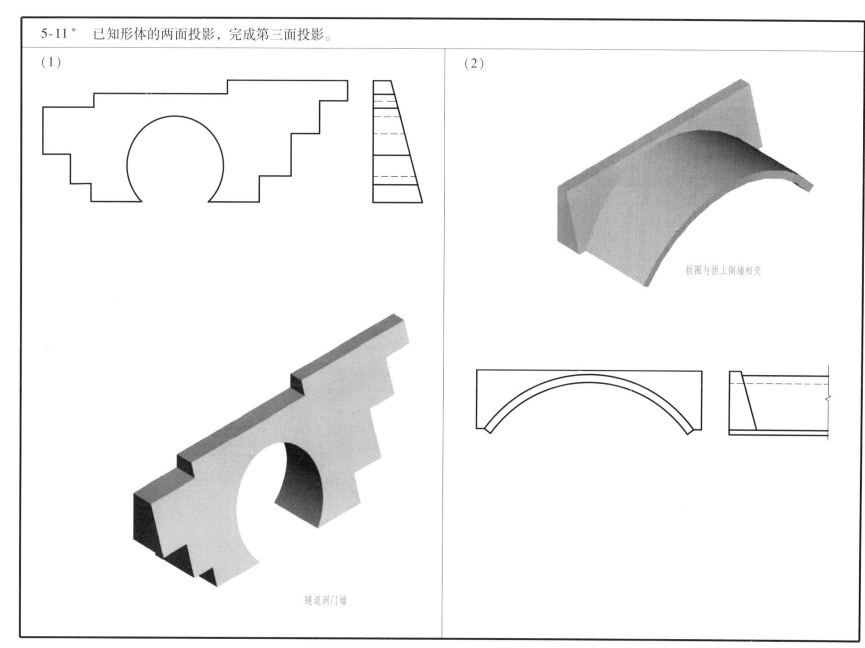

隧道洞门墙

拱圈与拱上侧墙相交

项目六 绘制形体的轴测投影图

6-1 画出形体的正等测投影图（尺寸按1:1在投影图上量取）。

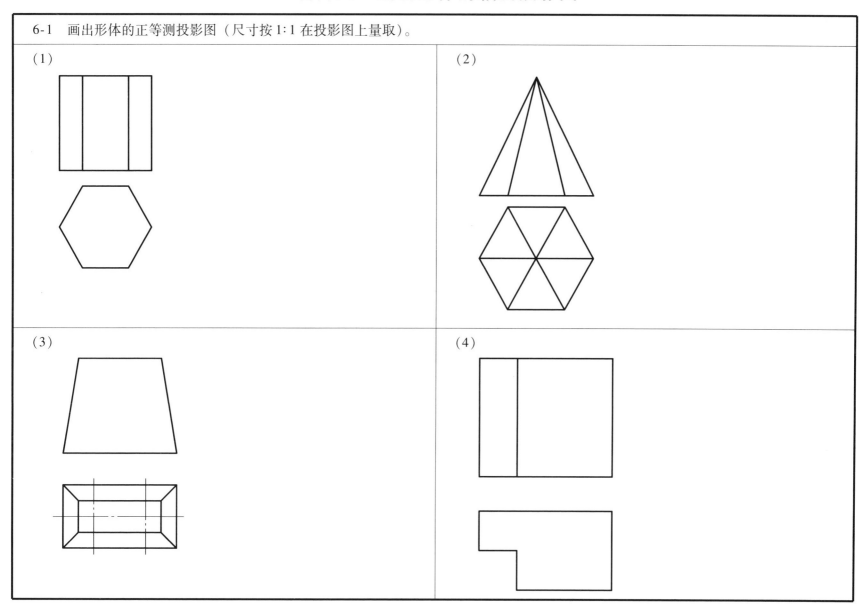

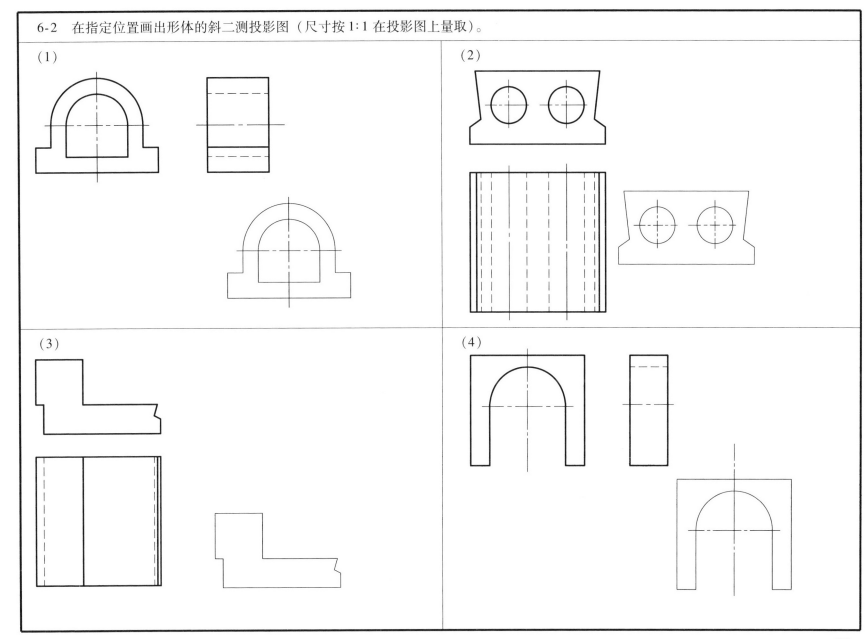

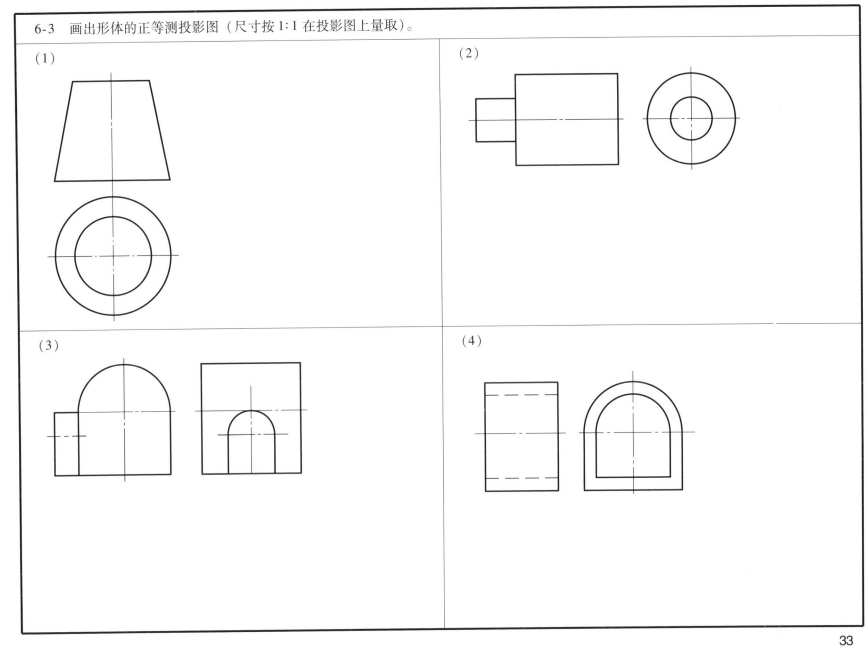

项目七 识读与绘制道路工程构件的构造图

7-1 剖面图练习。

（1）作 A—A 半剖面图、B—B 全剖面图。

（2）将图示形体的正面投影画成半剖面图。

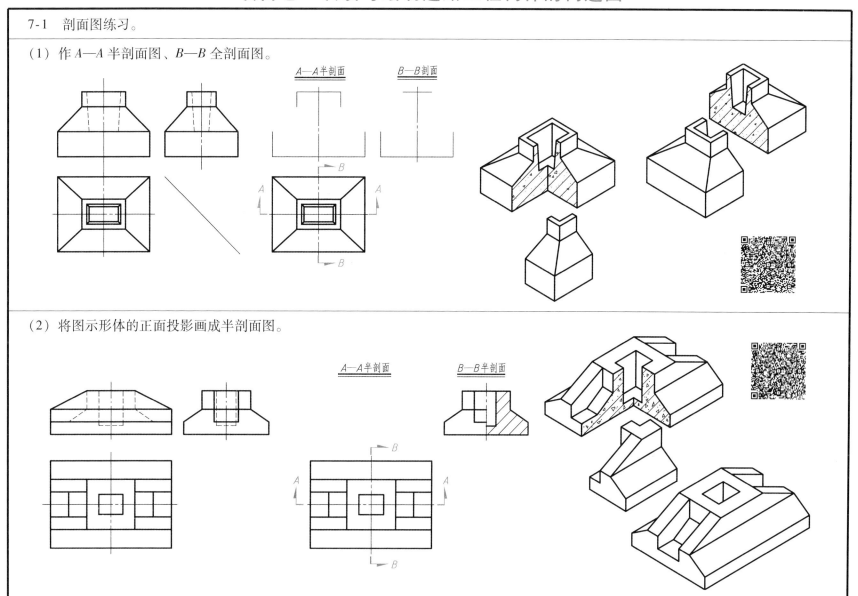

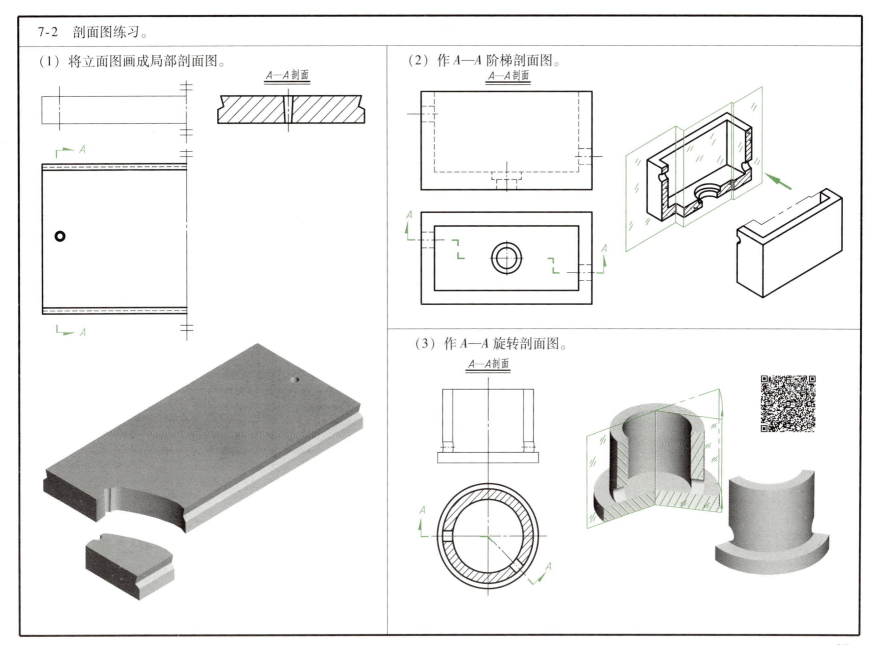

7-3 补出剖面图中所缺的线。

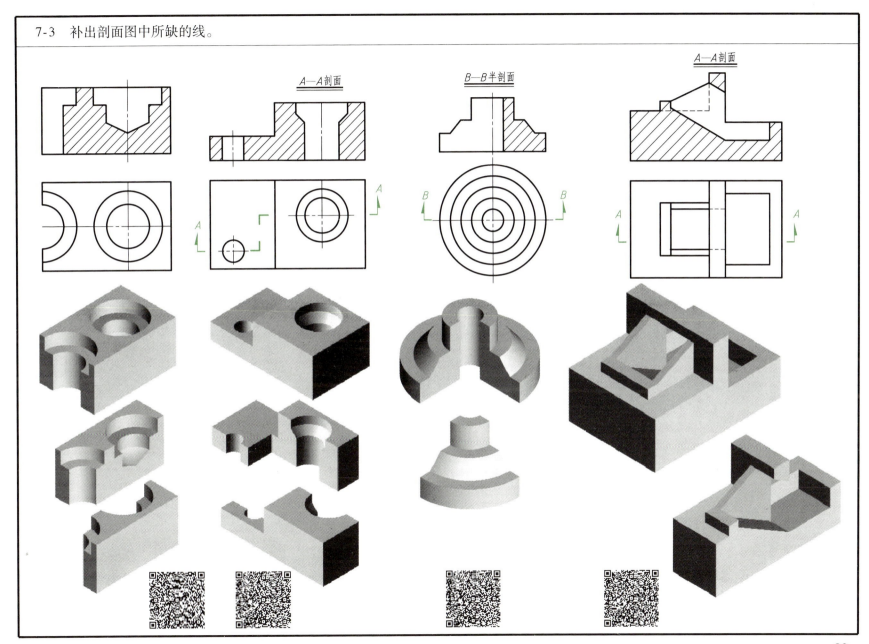

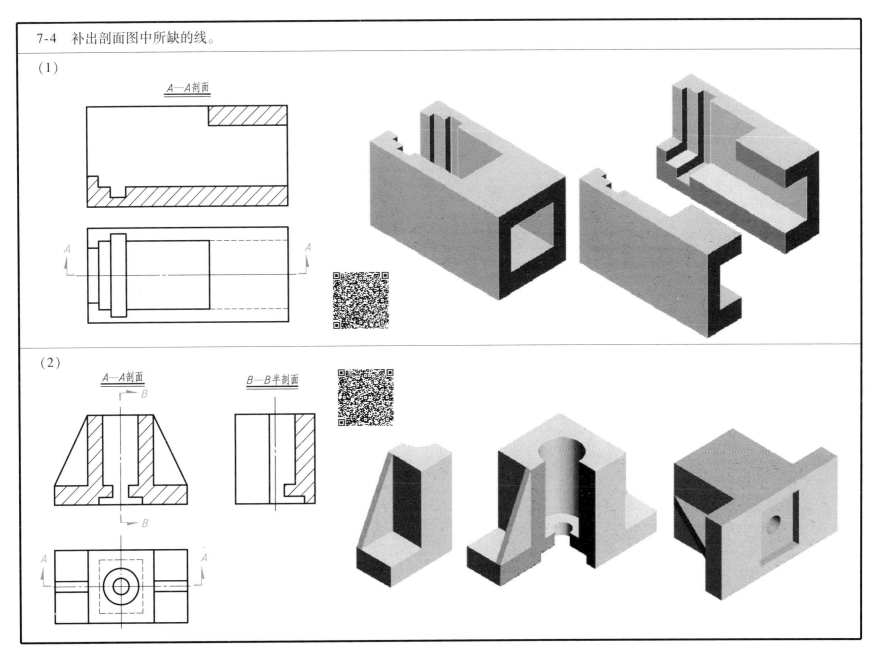

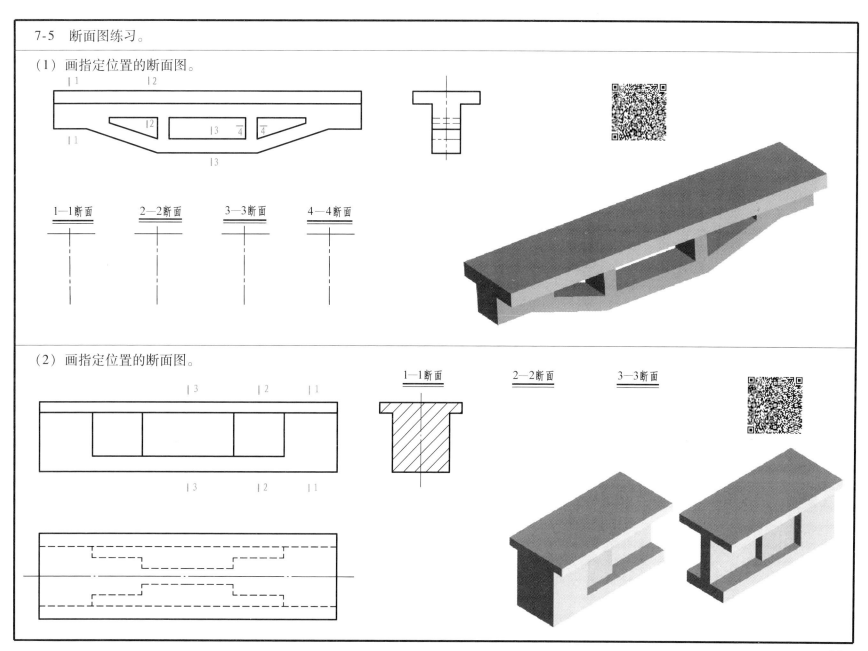

7-6 根据道路工程中的规定画法绘制 A—A 剖面图（拱脚垫石、台身与基础的材料不同，拱脚垫石为钢筋混凝土，台身为混凝土，基础为浆砌片石）。

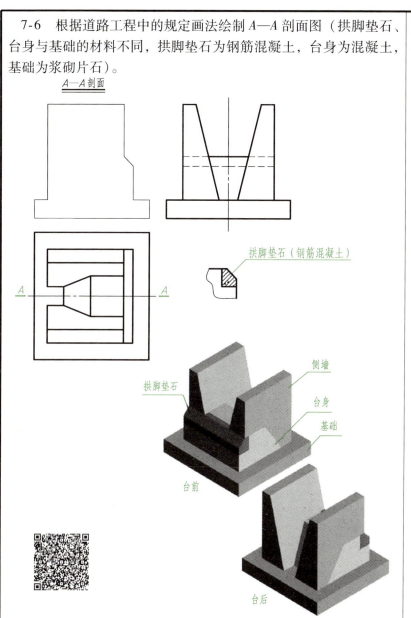

7-7 根据道路工程中的规定画法绘制 A—A 剖面图（台帽、台身、基础的材料不同，台帽为钢筋混凝土，台身为混凝土，基础为浆砌片石）。

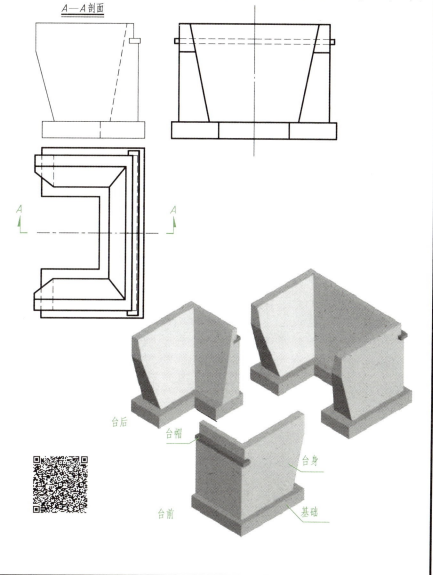

7-8 根据道路工程中的习惯画法绘制中梁、边梁的Ⅰ—Ⅰ、Ⅱ—Ⅱ、Ⅲ—Ⅲ断面图。

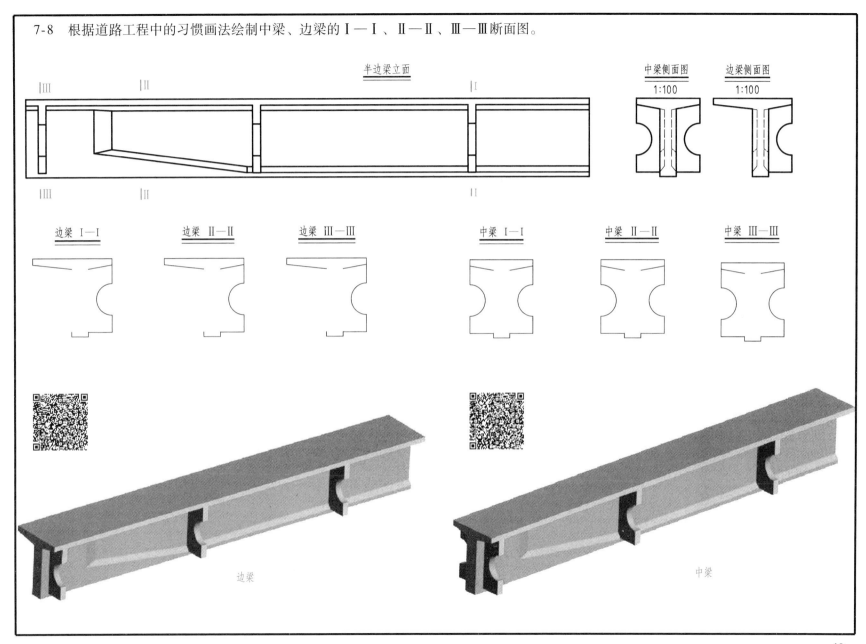

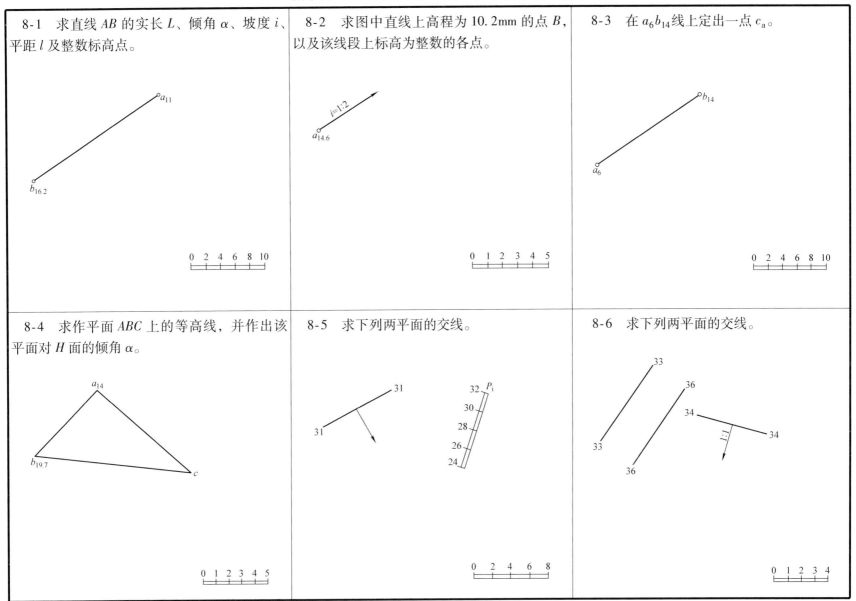

8-7 两堤顶的标高及各边坡坡度如图所示,求作各边坡坡脚线及坡面交线。

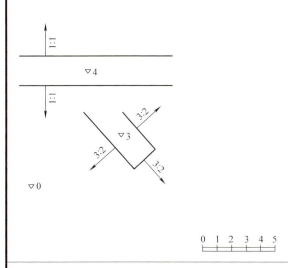

8-8 在堤坝与河岸的相交处筑有护坡,求作各边坡坡脚线及坡面交线。

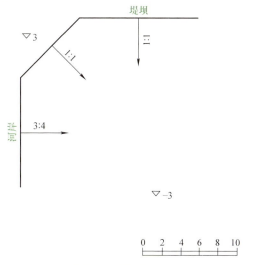

8-9* 求作斜坡引道与干道的坡面交线及坡脚线。

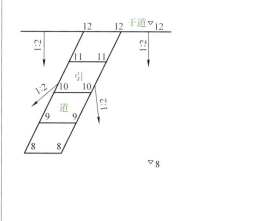

8-10 在堤坝与河岸的相交处筑有圆锥面护坡,求作各边坡坡脚线及坡面交线。

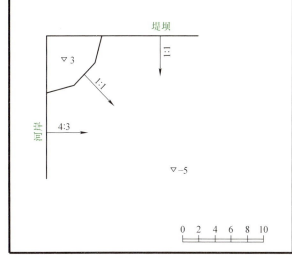

8-11 在堤坝与河岸的相交处筑有圆锥面护坡,求作各边坡坡脚线及坡面交线。

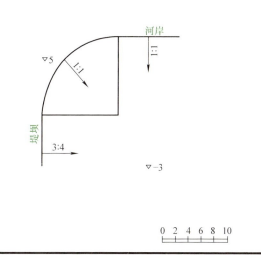

8-12* 求作圆弧斜坡引道与干道的坡面交线及坡脚线。

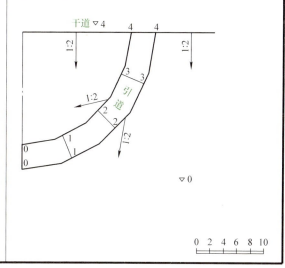

42

项目九　识读公路路线工程图

9-1　识读路线平面图，回答下列问题。

1. 道路路线平面图上表示方位的坐标网 X 坐标值增加的方向指向（　　）方向，Y 坐标值增加的方向指向（　　）方向。设计线左侧原有公路朔峙线的走向是由（　　）到（　　）方向。设计线的大致走向是由（　　）到（　　）方向。

2. 该地区北部，路线左右两侧（　　）侧地势较低。

3. 该地区西南部（设计线左侧）的植被是（　　）。在设计线右侧该地区的主要植被是（　　）。名为马营堡的村庄位于设计线的（　　）侧。与设计线相交的大车道的走向为（　　）方向。第 24 个 GPS 点位于该地区的（　　）部，其高程为（　　）m。

4. 路线平面图中设计路线用（　　）线表示道路中心线。

5. 公里桩号宜标注在路线前进方向的（　　）侧，在 K13 公里桩的前方注写的 "2" 表示桩号为（　　），说明该点距道路路线起点为（　　）m。平面图中路线的前进方向是从（　　）向（　　）的，该路段的起点桩号是（　　），终点桩号是（　　）。

6. 该图中设计线在交角点 JD8 处向（　　）转折，转折角为（　　），圆曲线半径 R 为（　　）m，指出 ZH、HY、QZ、YH、HZ 的位置的桩号（　　）、（　　）、（　　）、（　　）、（　　），缓和曲线长度为（　　）m，切线长度为（　　）m，曲线长度为（　　）m。

7. 马营堡 1 号中桥位于设计路线的（　　）桩号处，该桥有（　　）跨，跨径为（　　）m。

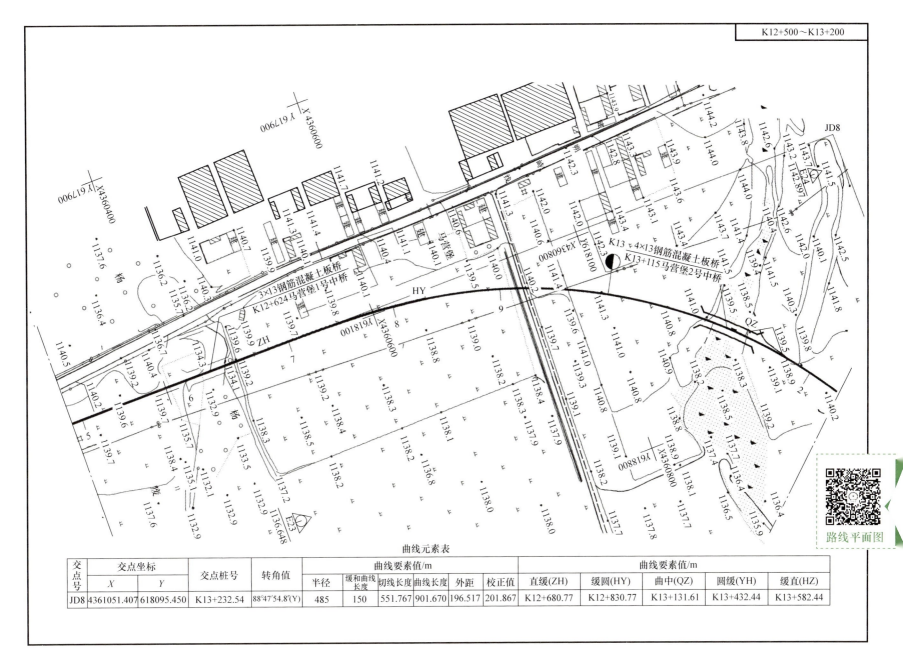

K12+500～K13+200

曲线元素表

交点号	交点坐标		交点桩号	转角值	曲线要素值/m					曲线要素值/m				
	X	Y			半径	缓和曲线长度	切线长度	曲线长度	外距	校正值	直缓(ZH)	缓圆(HY)	曲中(QZ)	圆缓(YH)	缓直(HZ)
JD8	4361051.407	618095.450	K13+232.54	88°47′54.8″(Y)	485	150	551.767	901.670	196.517	201.867	K12+680.77	K12+830.77	K13+131.61	K13+432.44	K13+582.44

路线平面图

9-2 识读路线纵断面图，回答下列问题。

1. 本图的水平比例为（   ），竖向比例为（   ）。

2. 在纵断面图中，公路纵向设计线用（   ）线表示，纵向设计线是由（   ）线和（   ）线组成的；设计中心线处的原地面线用（   ）表示。设计线上各点的高程通常是指二级以下公路（   ）的设计高程，或一级公路及高速公路（   ）的设计高程。

3. 在设计线的（   ）处设置竖曲线。竖曲线分为（   ）形和（   ）形两种，在图中分别用（   ）和（   ）的符号表示。K12+500～K12+680.772路段竖曲线的线形是（   ）线。

4. 该路段沿线有（   ）、（   ）、（   ）构造物。马营堡1号中桥是（   ）类型的桥，该桥中心桩号为（   ），该桥共（   ）跨，每跨跨径为（   ）m。

5. 该路段的地质是（   ），K12+840处的设计高程、地面高程分别为（   ）m、（   ）m。此处填挖高度为（   ）m，（   ）高程更高。

6. 该路段设计线纵向坡度为（   ）%，马营堡1号桥桥面纵向坡度为（   ）%。

7. K12+500～K12+680.772段平曲线线形为（   ）。K12+680.772～K12+830.772段平曲线线形为（   ）。K12+830.772～K13+200段平曲线线形为（   ）。

8. K12+500～K12+680.772路段路基横坡为（   ），K12+830.772～K13+200路段路基横坡为（   ），该段道路的超高值为（   ）m，（   ）路基边缘高程较高。该道路为（   ）级公路，该道路路基边缘到中央分隔带宽度为（   ）m。

45

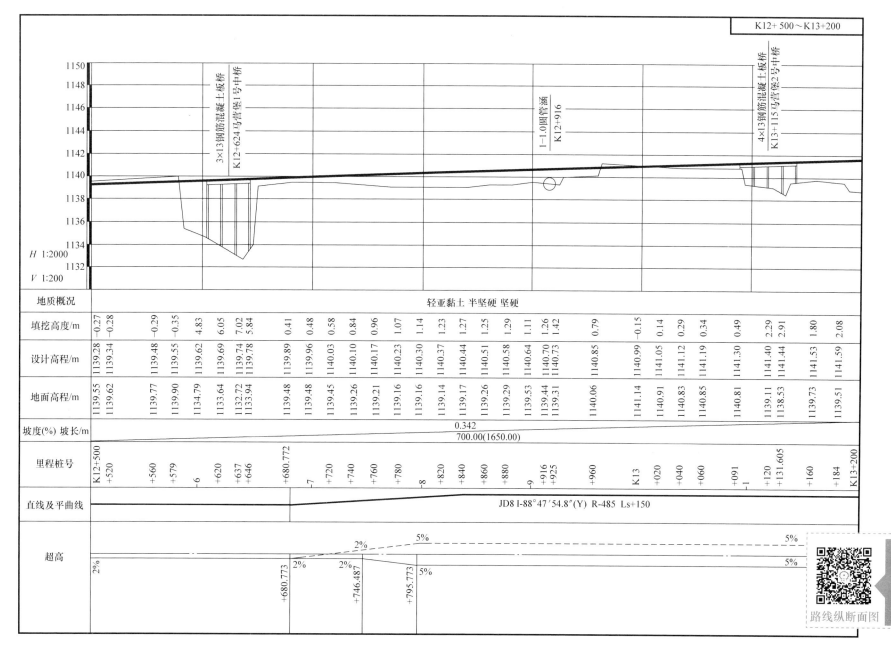

9-3 识读路基横断面图，回答下列问题。

1. 在路基横断面图上，路面线、边坡线、边沟线均采用（　　）线绘制，表示路面结构层厚度的线采用（　　）线绘制。道路中线采用（　　）线绘制，原地面线采用（　　）线绘制。

2. 该道路半幅路面宽度为（　　）m，K12+900桩号处路基填高（或挖高）为（　　）m，是（　　）方路基。

3. K12+520桩号处路基的填挖面积为（　　），是（　　）方路基。

4. 从K12+840～K13+091段的路基的倾斜方向可以看出平曲线的转向是（　　）转。

5. 填土面积是否包含路面结构层部分？挖土面积是否包含路面结构层部分？

6. K12+520、K12+584、K6+490处的路基形式为（　　）、（　　）、（　　），并用彩色笔描绘出填方或挖方面积。

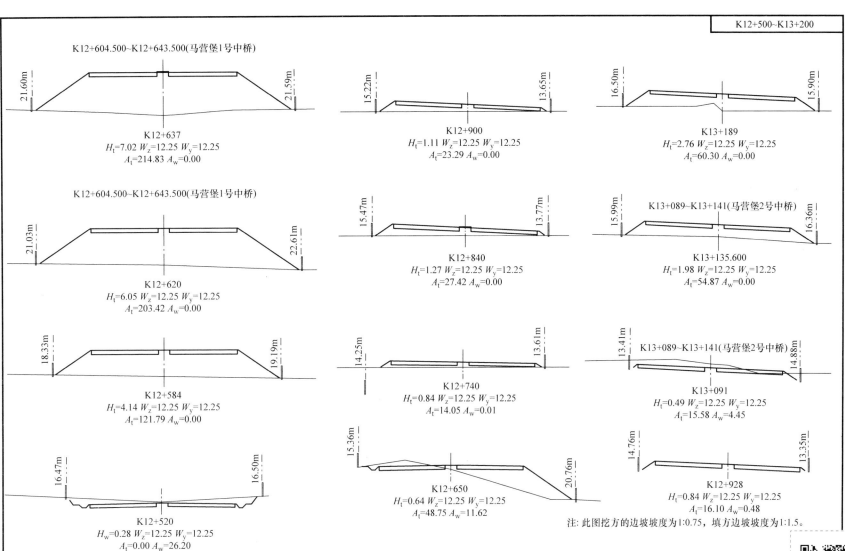

K12+500~K13+200

K12+604.500~K12+643.500(马营堡1号中桥)

21.60m   21.59m

K12+637
H_t=7.02 W_z=12.25 W_y=12.25
A_t=214.83 A_w=0.00

15.22m   13.65m

K12+900
H_t=1.11 W_z=12.25 W_y=12.25
A_t=23.29 A_w=0.00

16.50m   15.90m

K13+189
H_t=2.76 W_z=12.25 W_y=12.25
A_t=60.30 A_w=0.00

K12+604.500~K12+643.500(马营堡1号中桥)

21.03m   22.61m

K12+620
H_t=6.05 W_z=12.25 W_y=12.25
A_t=203.42 A_w=0.00

15.47m   13.77m

K12+840
H_t=1.27 W_z=12.25 W_y=12.25
A_t=27.42 A_w=0.00

K13+089~K13+141(马营堡2号中桥)

15.99m   16.36m

K13+135.600
H_t=1.98 W_z=12.25 W_y=12.25
A_t=54.87 A_w=0.00

18.33m   19.19m

K12+584
H_t=4.14 W_z=12.25 W_y=12.25
A_t=121.79 A_w=0.00

14.25m   13.61m

K12+740
H_t=0.84 W_z=12.25 W_y=12.25
A_t=14.05 A_w=0.01

K13+089~K13+141(马营堡2号中桥)

13.41m   14.88m

K13+091
H_t=0.49 W_z=12.25 W_y=12.25
A_t=15.58 A_w=4.45

16.47m   16.50m

K12+520
H_w=0.28 W_z=12.25 W_y=12.25
A_t=0.00 A_w=26.20

15.36m   20.76m

K12+650
H_t=0.64 W_z=12.25 W_y=12.25
A_t=48.75 A_w=11.62

14.76m   13.35m

K12+928
H_t=0.84 W_z=12.25 W_y=12.25
A_t=16.10 A_w=0.48

注: 此图挖方的边坡坡度为1:0.75, 填方边坡坡度为1:1.5。

路基横断面图

项目十 识读城市道路工程图

10-1 识读城市道路横断面施工图，回答下列问题。

1. 该城市道路横断面施工图由（   ）部分组成，该道路的断面布置形式为（   ）幅路面。
2. 道路中线的路面标高为（   ）m，机动车道边缘的标高为（   ）m，机动车道的坡度为（   ）。
3. 在该城市道路横断面施工图中两侧机动车道宽度、绿化带、非机动车道、人行道的宽度分别为（   ）m、（   ）m、（   ）m、（   ）m。
4. 图中机动车行道路面结构的面层有（   ）和（   ），厚度分别为（   ）cm、（   ）cm；下封层为（   ），厚度为（   ）cm，基层为（   ），厚度（   ）cm；底基层为（   ），厚度为（   ）cm。
5. 图中非机动车行道路面结构的面层有（   ）和（   ），厚度分别为（   ）cm、（   ）cm；基层为（   ），厚度为（   ）cm；底基层为（   ），厚度为（   ）cm。
6. 图中人行道路面结构由上自下分别是（   ）、（   ）、（   ）、（   ）。
7. 树穴带树穴以外部分面层为（   ），找平层为（   ），基层为（   ），底基层为（   ）。

10-2 识读城市道路平面施工图，回答下列问题。

1. 该城市道路（平阳西一路）设计起点在该道路中线与（   ）街道路线的交点处，该点的坐标为 $X =$（   ），$Y =$（   ），桩号为（   ），设计终点在该道路中线与（   ）街道路线的交点处，桩号为（   ），该点的坐标为 $X =$（   ），$Y =$（   ）。
2. 该城市道路（平阳西一路）施工起点在（   ）桩号处，施工终点在（   ）桩号处。该城市道路（平阳西一路）的大致走向为由（   ）到（   ），龙城大街的走向为（   ）方向。
3. 在图示城市道路平面图中，非机动车道宽度为（   ）m，人行道宽度为（   ）m，绿化带宽度为（   ）m。在 K0+080 处机动车道宽度为（   ）m，在 K0+180 处机动车道宽度为（   ）m。

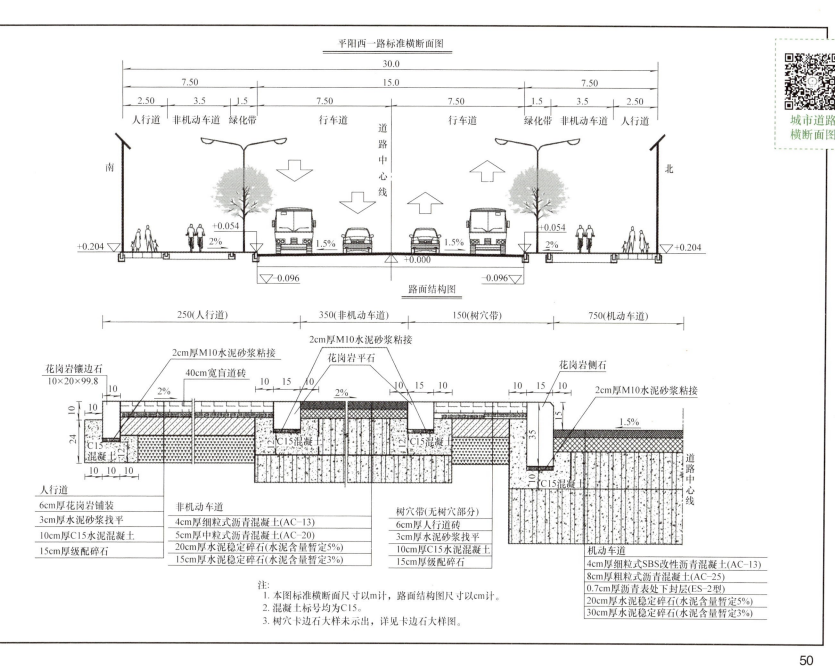

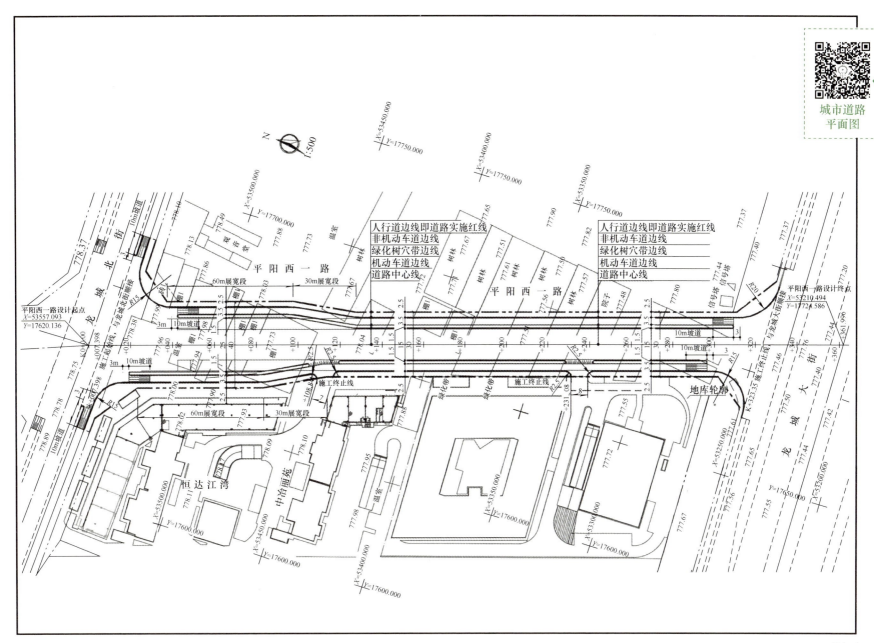

城市道路平面图

10-3 识读城市道路纵断面施工图，回答下列问题。

1. 道路全长为（　　）m，全程有（　　）个变坡点，其桩号分别是（　　　　　　　　　　　）。该道路有（　　）个坡段，每一坡段的坡度分别为（　　　　　　　　　　）。

2. 从该断面图上可以看出，该城市道路施工起点在（　　）桩号处，施工终点在（　　）桩号处。施工起点的设计高程为（　　），施工终点的设计高程为（　　）。

3. 该道路设计起点的桩号为（　　），设计终点的桩号为（　　）。

4. 全程设有（　　）段竖曲线，是（　　　　　）曲线。竖曲线半径为（　　）m，竖曲线长度为（　　）m。

5. 该道路的平面线形是（　　）线。

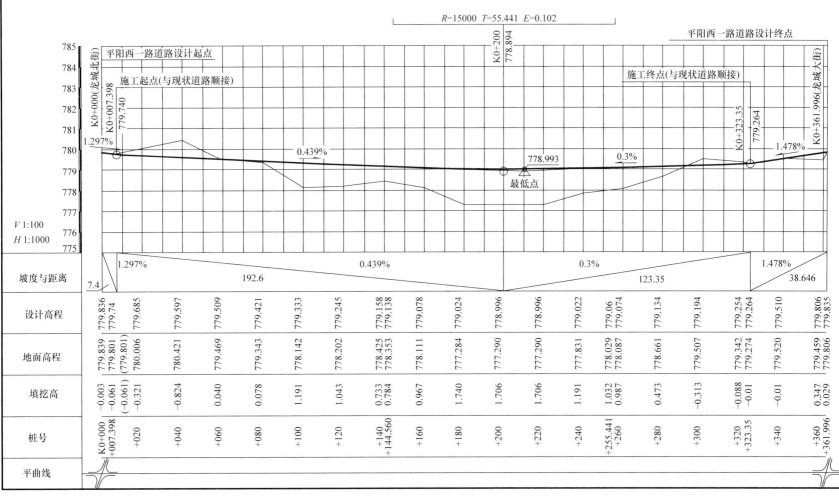

10-4 参照城市道路排水系统立体示意图，识读城市道路排水施工平面图，回答下列问题。

1. 该城市道路排水施工平面图，雨水干管线安装在机动车道上，位于道路的（ ）位置。雨水管线设计起点的桩号为（ ），检查井的编号为（ ）。其坐标为 $X=$（ ），$Y=$（ ）。雨水管线设计终点的桩号为（ ），检查井的编号为（ ）。其坐标为 $X=$（ ），$Y=$（ ）。

2. 在 K0+234～K0+274 桩号段，雨水排水管直径为（ ）mm，长度为（ ）m，方向由（ ）检查井流向（ ）检查井，纵向坡度为（ ）%。

3. 在编号为 Y7 检查井处有从道路东侧街坊接入的支管，该支管的直径为（ ）mm，长度为（ ）m，方向由（ ）检查井流向（ ）检查井，纵向坡度为（ ）%。

4. 雨水进水口安装在该雨水管线的两边，紧贴道路（ ）安装。

5. 在编号为 Y2 雨水检查井上除雨水干管外还接入了（ ）根连接管和（ ）根支管。

6. 在 K0+084、K0+152、K0+272 桩号处道路东侧街坊污水管横穿新建道路及雨水管接入污水主管，分别接入编号（ ）、（ ）、（ ）的污水检查井。

7. 在 K0+112～K0+272 桩号段，污水管道位于道路的（ ）位置。

8. 在 K0+112～K0+152 桩号段，排水管直径为（ ）mm，长度为（ ）m，方向由（ ）检查井流向（ ）检查井，纵向坡度为（ ）%。

9. 污水管线设计起点的桩号为（ ），检查井的编号为（ ），其坐标为 $X=$（ ），$Y=$（ ）。管线设计终点的桩号为（ ），检查井的编号为（ ），其坐标为 $X=$（ ），$Y=$（ ）。

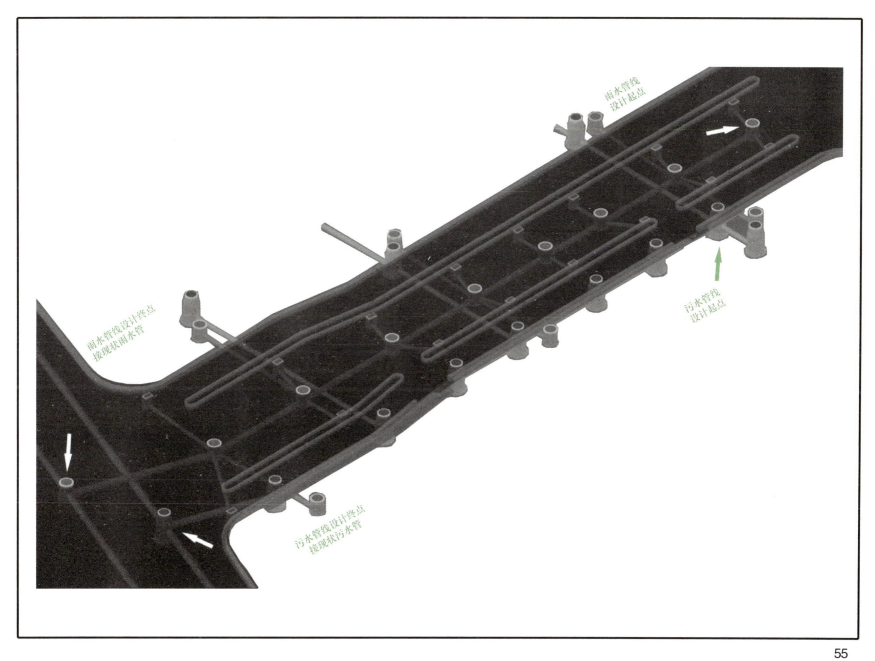

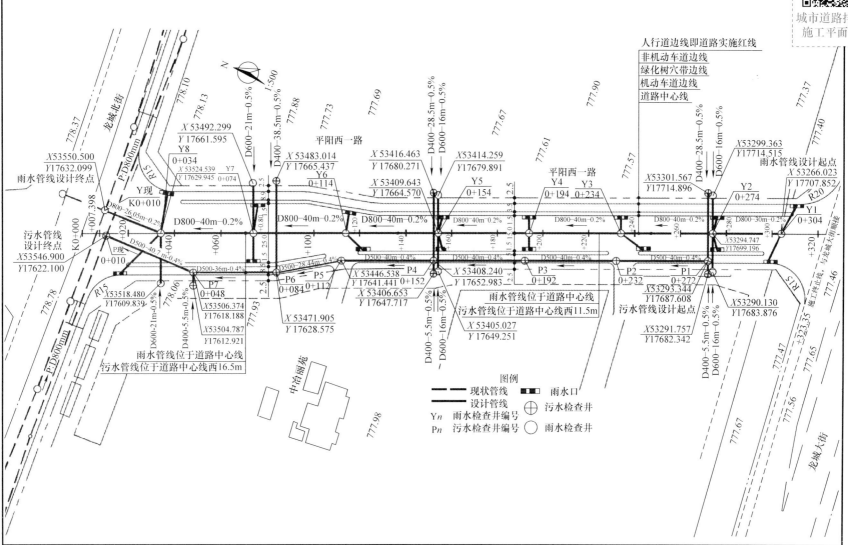

城市道路排水施工平面图

10-5 识读城市道路雨水排水施工纵断面图，回答下列问题。

1. 该图为城市道路（平阳西一路）的雨水管道施工纵断面图。该图的横向比例为（   ），竖向比例为（   ），图中水流方向由（   ）窨井流向（   ）窨井。

2. Y3、Y4 号窨井间的距离为（   ）m，Y4 号窨井的桩号为（   ）。

3. Y5 号窨井处管道埋深为（   ）m，管底标高（   ）m，路面设计标高（   ）m。

4. K0+034 到 K0+010 的雨水管管径为（   ）mm，纵向坡度为（   ）%，管长为（   ）m，管道向（   ）方向偏转。

5. 雨水管道设计起点到设计终点之间管道长度为（   ）m。

6. Y7 号窨井处东侧有雨水支管接入，支管直径为（   ）mm，长度为（   ）m，纵向坡度为（   ）%。

7. 在 K0+084 桩号处，雨水管道下方有东侧污水支管穿过，该污水支管的直径为（   ）mm，长度为（   ）m，纵向坡度为（   ）%；该污水支管的管底标高为（   ）m。

57

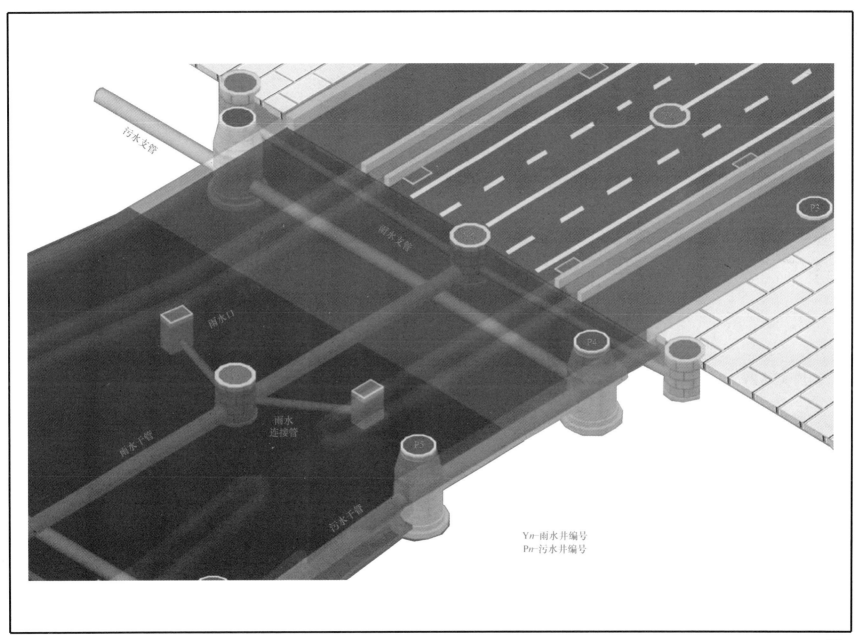

城市道路雨水排水施工纵断面图

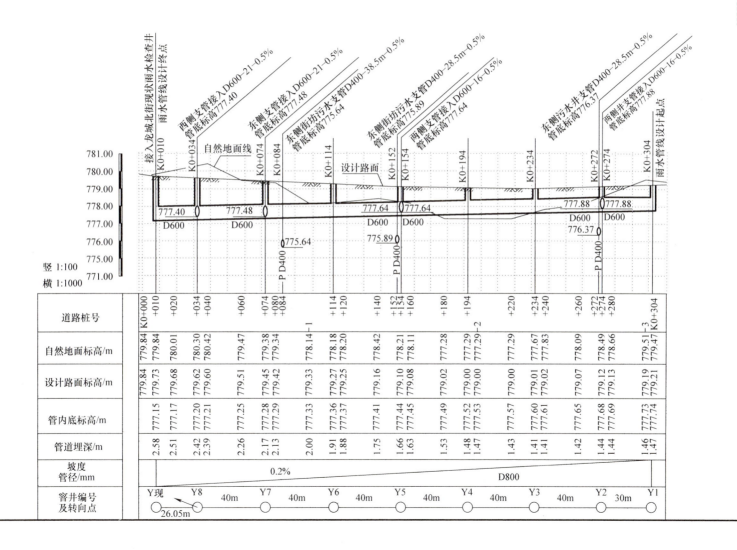

项目十一　识读桥梁工程图

11-1　参照钢筋混凝土板梁桥立体图及总体布置图，回答下列问题。

1. 该桥共（　　）跨，每跨跨径为（　　）m，桥梁总长为（　　）m，桥面净宽度为（　　）m。
2. 上部结构由（　　）块空心板组成。桥台为钻孔灌注桩柱式桥台，桥墩为钻孔灌注桩柱式桥墩。侧面图采用了Ⅰ—Ⅰ、Ⅱ—Ⅱ两个断面图。在侧面投影中指出桥墩立柱、桥墩系梁、桥墩桩基础的投影，指出桥台盖梁、挡块、桥台基础的投影。
3. 侧面投影中看到的桥台是（　　）。　　A. 台前　　B. 台后
4. 在正面投影中指出耳墙、锥形护坡、桥头搭板的投影。
5. 0 号桥台基础底面、基础顶面的标高分别为（　　）m、（　　）m。
6. 该桥起始桩至桥位终点桩不设纵坡，该桥的设计标高为（　　）m，桥面横坡为（　　）。
7. 该桥中心位于（　　）桩号处，钻孔灌注桩的直径为（　　）cm。
8. 桥墩桩基础高度为（　　）m。

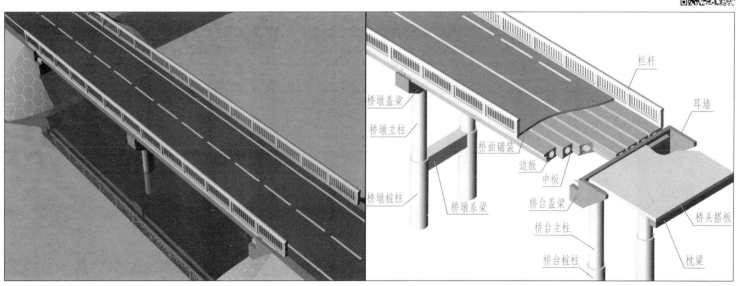

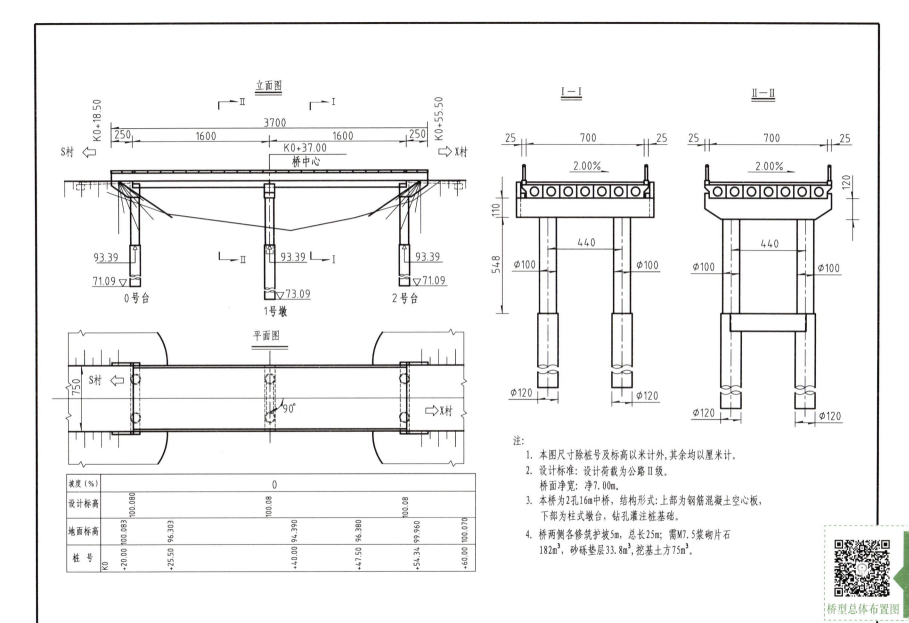

11-2 参照立体图及钢筋混凝土空心板构造图，回答下列问题。

1. 图为习题11-1所示桥梁的钢筋混凝土空心板构造图，该钢筋混凝土空心板理论长度为（   ）cm，中板的理论宽度为（   ）cm，边板的总宽度为（   ）cm。

2. 支座中心线距梁端（   ）cm。

3. 立面图、平面图上，平行于梁长度方向的两条虚线表示（   ）。

4. 空心板圆孔中心到空心板顶面的距离为（   ）cm。

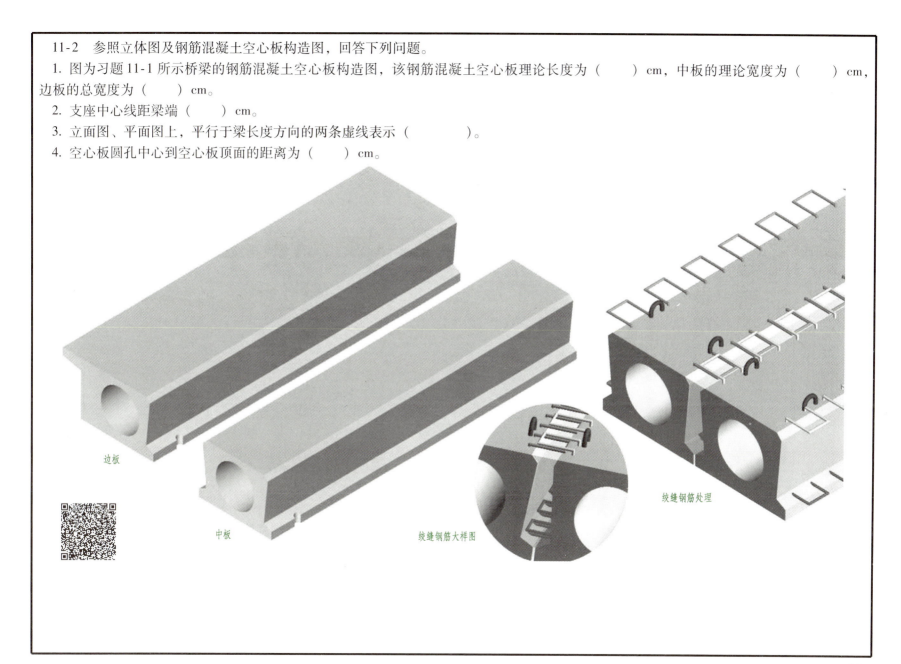

边板　　中板　　绞缝钢筋大样图　　绞缝钢筋处理

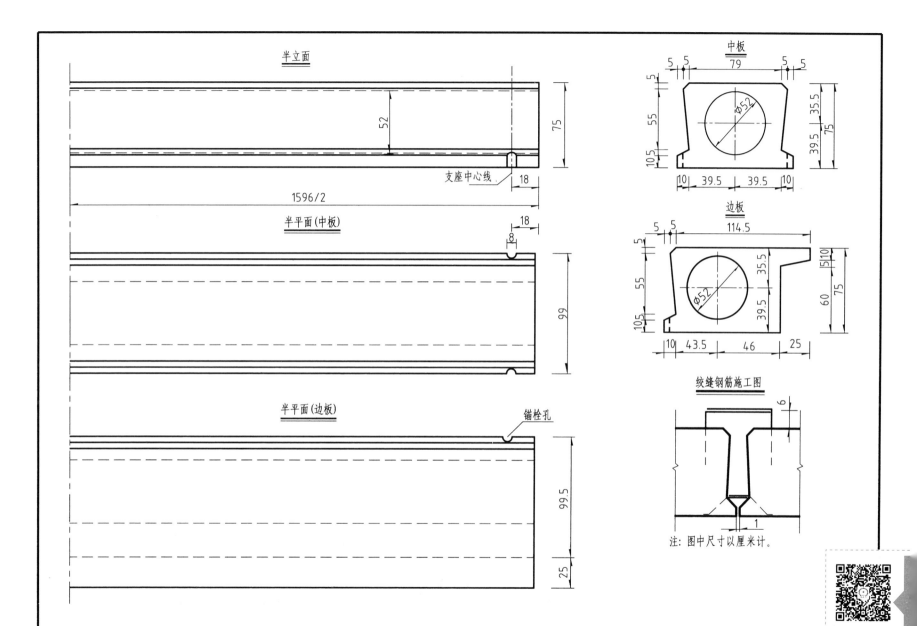

11-3 参照立体图及钢筋混凝土中板钢筋结构图,回答下列问题(图为习题11-1所示桥梁的钢筋混凝土中板钢筋结构图)。

1. 图中共有（   ）种钢筋,其中1号钢筋为受拉钢筋,共（   ）根,分布在板梁的（   ）部,1号钢筋的中心间距为（   ）cm。

2. 2号钢筋为吊装钢筋,分布在梁的两端,共（   ）根。3号钢筋为架立钢筋,共（   ）根。6号钢筋每（   ）cm设一道,其下端钩在8号钢筋上并与之绑扎,全梁共（   ）根。

3. 4号、5号钢筋为横向连接钢筋（预埋绞缝钢筋）,每（   ）cm布置一根,各（   ）根。7号、8号钢筋一起组成箍筋,7号、8号钢筋均为（   ）根。其中14×10表示有（   ）个间距,每个间距（   ）cm。

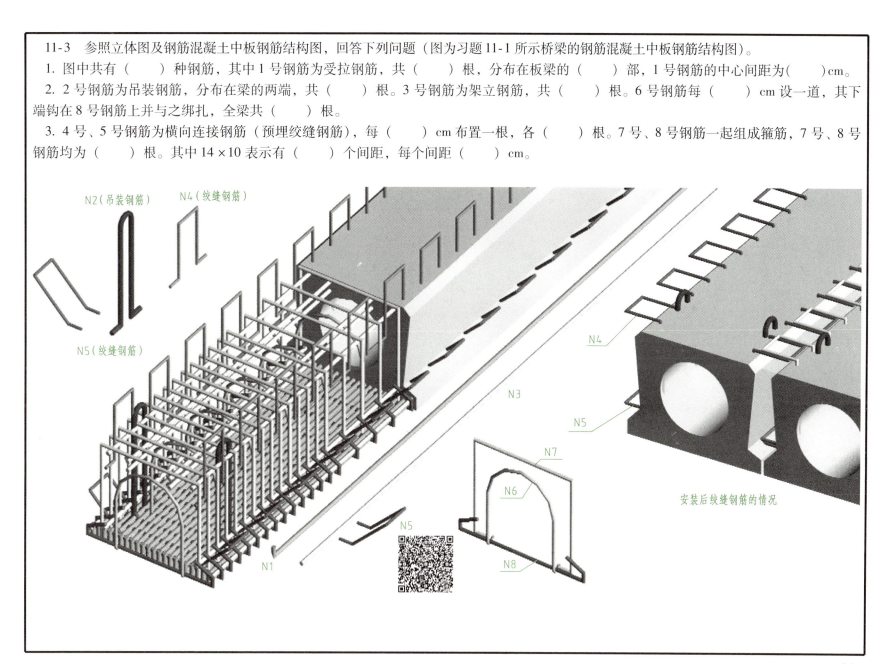

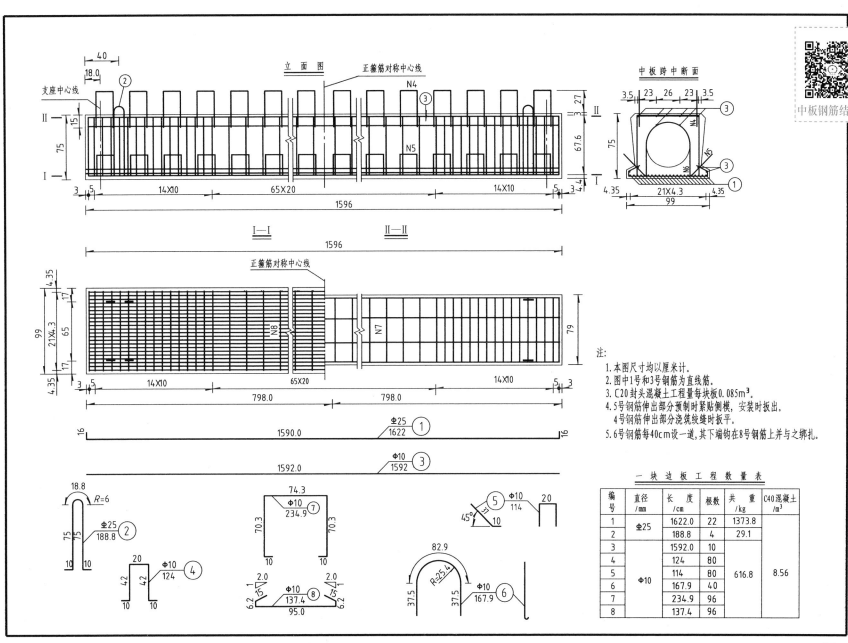

11-4 参照立体图及钢筋混凝土中板钢筋结构图,回答下列问题(图为习题11-1所示桥梁的钢筋混凝土中板钢筋结构图)。

1. 图中1号钢筋为受拉钢筋,共(　　)根,分布在板梁的(　　)部,1号钢筋的中心间距为(　　)cm。

2. 2号钢筋为吊装钢筋,共(　　)根。3号钢筋为架立钢筋,共(　　)根。6号钢筋每(　　)cm设一道,其下端钩在8号钢筋上并与之绑扎。

3. 4号、5号钢筋为横向连接钢筋(预埋绞缝钢筋),每(　　)cm分布一根,4号钢筋共(　　)根。7号、8号钢筋一起组成箍筋,7号、8号钢筋均为(　　)根。其中65×20表示有(　　)个间距,每个间距(　　)cm。

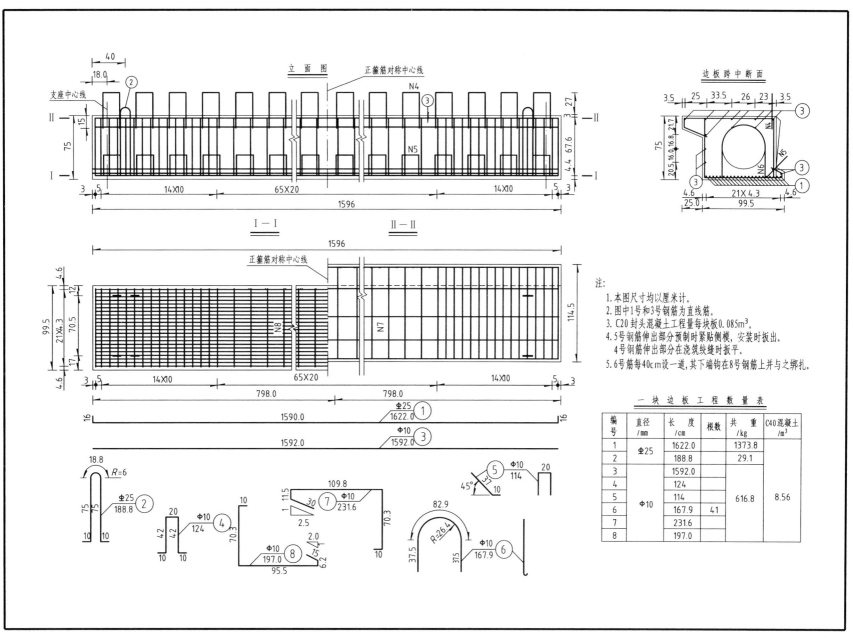

11-5 参照立体图及桥面铺装钢筋构造图，回答下列问题（图为习题11-1所示桥梁的桥面铺装钢筋结构图）。

1. 桥面铺装层由两种钢筋组成，由横向钢筋1和纵向钢筋2组成钢筋网，现浇C40混凝土厚（   ）cm，面层厚为（   ）cm。1号钢筋、2号钢筋都是均匀分布的，其间距均为（   ）cm，均为HPB300（Ⅰ级）钢筋。1号钢筋长（   ）cm，共（   ）根，2号钢筋长（   ）cm，共（   ）根。由于面积较大所以采用了折断画法。

2. 尺寸数字 2×124.5+5×99+6×1=750 表示2块124.5cm的边板和（   ）块（   ）cm的中板及6个1cm的伸缩缝共（   ）cm，即整个桥面宽。74×10表示2号钢筋间距为（   ）cm，一孔桥面上共有（   ）间距，共有（   ）根2号钢筋；159×10表示1号钢筋间距为（   ）cm，一孔桥面上共有（   ）间距，共有（   ）根1号钢筋。

3. 桥面行车道宽度为（   ）cm。

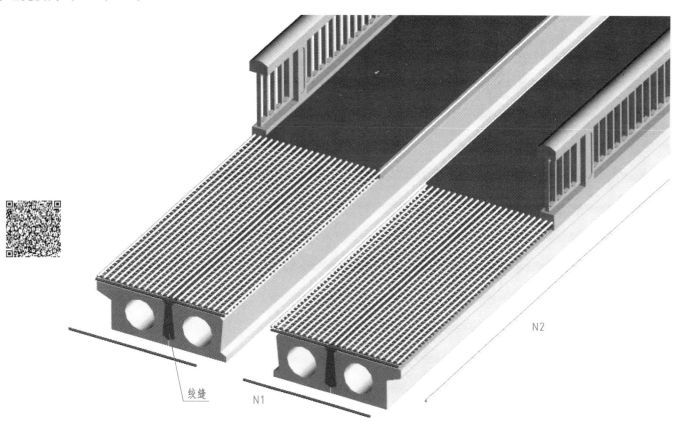

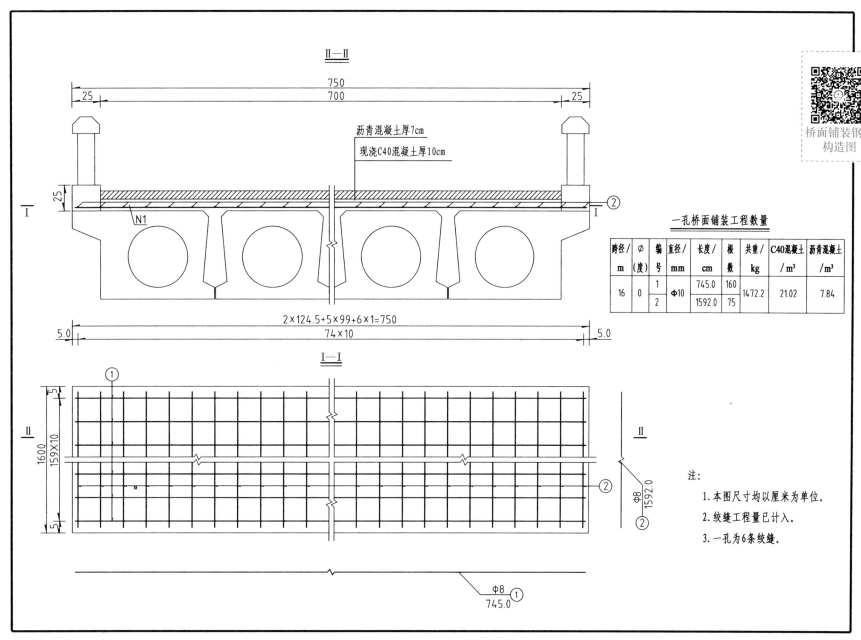

11-6 参照立体图及桥面连续钢筋构造图，回答下列问题（图为习题11-1所示桥梁的桥面连续钢筋结构图）。

1. 1号钢筋与2号钢筋相互垂直，2号钢筋长745cm，其长度方向垂直于桥面中心线，在桥墩中心线两侧各50cm范围内均匀分布，每（　　）cm布置1根，共38根。

2. 3号箍筋垂直于2号钢筋均匀分布在整个桥宽上，间距为（　　）cm，共（　　）根。

3. 1号钢筋平行于桥面中心线，每根间距（　　）cm，共25根，1号钢筋长度为258cm。1号钢筋中部（端缝两侧）有110cm长度为失效段，失效段采用（　　）裹紧的措施，做到钢筋不与混凝土黏结。

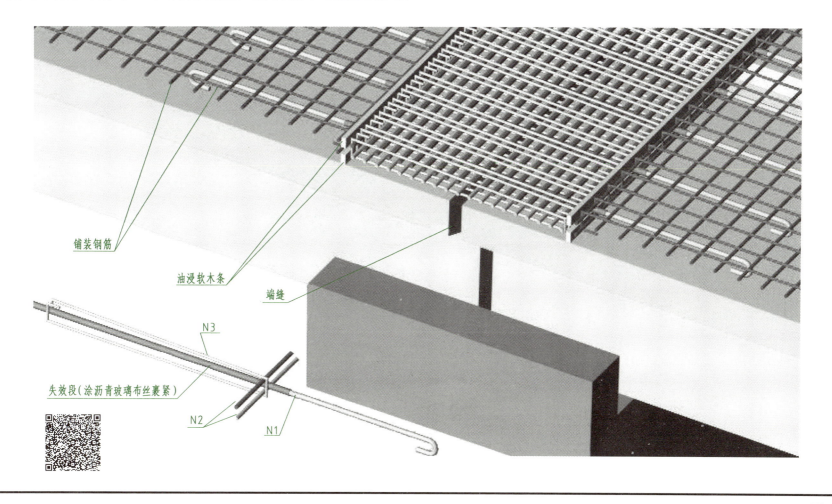

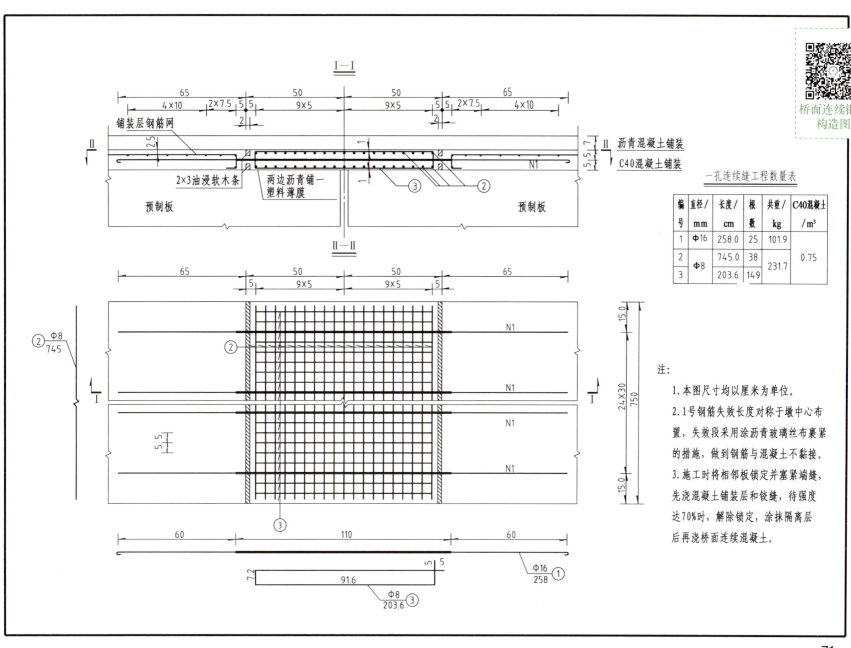

11-7 参照立体图及桥墩盖梁钢筋结构图，回答下列问题（图为习题11-1所示桥梁的桥墩盖梁钢筋结构图）。

1. 全梁共有（　　）种钢筋，（　　）、（　　）、（　　）、（　　）、（　　）号钢筋均为受力钢筋，并且焊接成钢筋骨架A。1号钢筋主要用来承受压力，分布在梁的（　　）面；2号钢筋有（　　）根，分布在梁的（　　）面，主要用来承受拉力；3号、5号钢筋各有（　　）根。4号钢筋有（　　）根。6号、7号钢筋为分布钢筋，分置在梁的两侧面，各（　　）根，7号钢筋的长度随截面的变化而变化。8号、9号钢筋是箍筋，以（　　）cm的间距均匀分布在整个梁上，8号钢筋分布在梁的中段，共55道（　　）根，9号钢筋是箍筋分布在梁的两端的变截面处，共（　　）道40根，9号钢筋的长度随截面的变化而变化。除8号、9号箍筋是HPB300（Ⅰ级）钢筋外，其余都是HRB335（Ⅱ级）钢筋。

2. 1号钢筋的长度为（　　）cm，2号钢筋的长度为（　　）cm，图中27×10表示有（　　）个间距，每个间距（　　）cm。

注：为使图面清晰，立体图中的箍筋没有全部画出，只画出其中一部分。

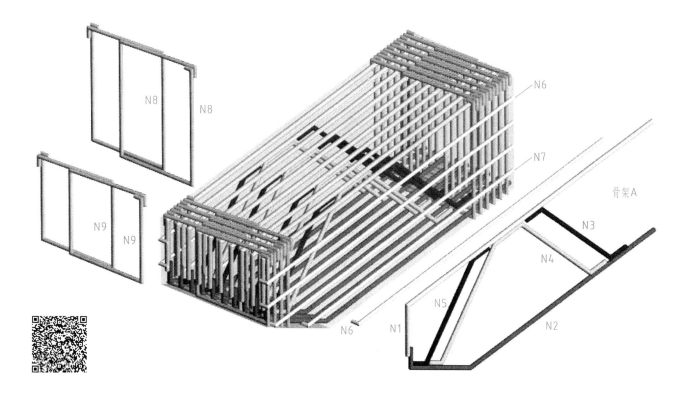

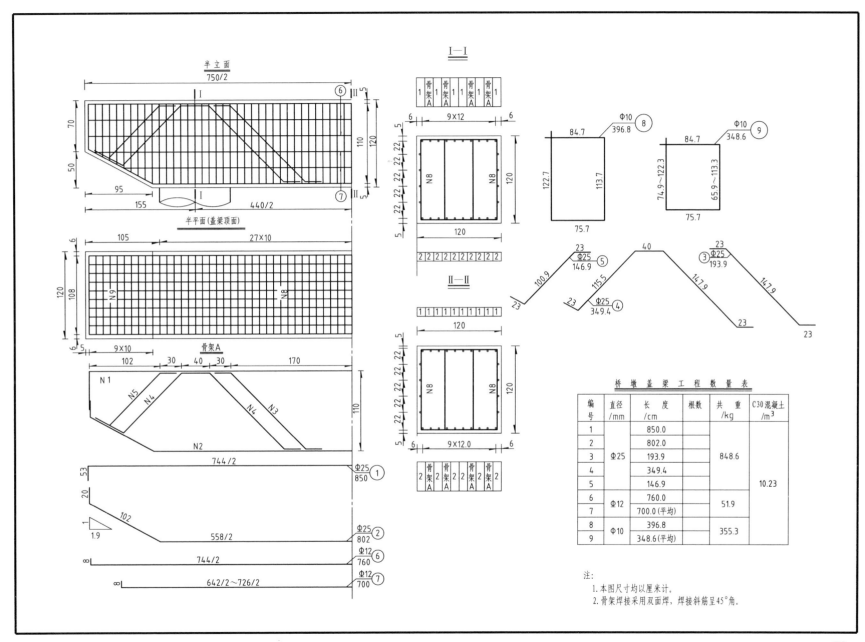

11-8 参照立体图及桥台盖梁钢筋结构图，回答下列问题（图为习题 11-1 所示桥梁的桥台盖梁钢筋结构图）。

1. 整个梁上共有（　　）种钢筋，（　　）、（　　）、（　　）、（　　）号钢筋均为受力钢筋，并且焊接成钢筋骨架 A。1 号钢筋分布在梁的顶部，主要用来承受压力；2 号钢筋分布在梁的底部，主要用来承受拉力，各（　　）根。3 号、4 号钢筋是斜筋，主要承受剪力，5 号钢筋是分布钢筋，布置在梁的两侧，共（　　）根。6 号钢筋是箍筋，沿盖梁纵向是均匀布置的，间距为（　　）cm。

2. 尺寸 38×10 说明有（　　）个间距，每个间距为（　　）cm 布置箍筋。图中除 6 号钢筋为 HPB300（Ⅰ级）钢筋外，其余都是 HRB335（Ⅱ级）钢筋。

注：为使图面清晰，立体图中的箍筋没有全部画出，只画出其中一部分。

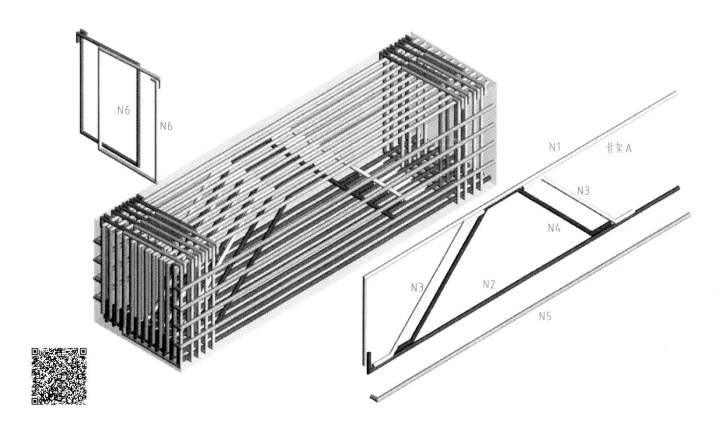

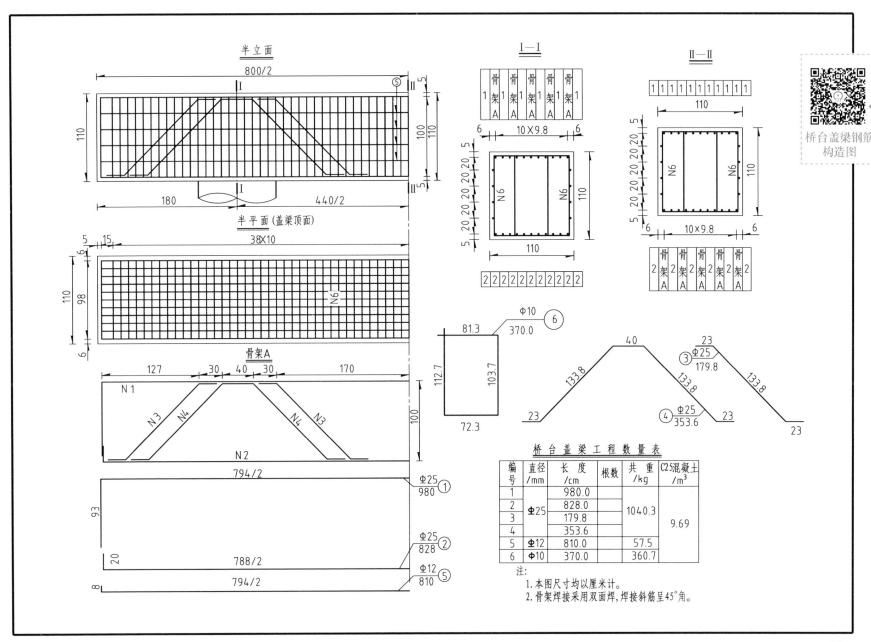

11-9 参照立体图及桥墩桩基础钢筋结构图，回答下列问题（图为习题11-1所示桥梁的桥墩桩基础钢筋结构图）。

1. 图中共有（　　）种钢筋。其中（　　）、（　　）、（　　）号钢筋分布在桥墩立柱内，1号钢筋为立柱的主筋，1号钢筋伸入盖梁内的部分做成喇叭形，大约与直线倾斜15°，下部伸入桩柱内的部分也做成微喇叭形。一根桩柱中共有（　　）根1号钢筋，2号加强箍筋在钢筋骨架上每隔（　　）m焊接一根，一根桩柱中共（　　）根。3号钢筋为立柱的螺旋分布筋，只有1根，分布在整个立柱上，其螺旋间距为（　　）cm，3号螺旋筋总长为（　　）cm。

2. 4、5、6、7、8号钢筋为桩基钢筋。4、5号钢筋均为桩柱的主筋，只是长度不同。4、5号钢筋上部与1号钢筋搭接部分向内倾斜，以便与1号钢筋焊接，4、5号钢筋也是沿圆周均匀分布，且与6号加强箍筋焊接。一根桩柱中共有4号、5号钢筋各（　　）根。6号钢筋在钢筋骨架上每隔（　　）m焊接一根，全柱共6根。8号钢筋为螺旋分布筋，分布在整个桩柱上，螺旋间距为（　　）cm，8号钢筋螺旋高度为（　　）cm。7号定位钢筋在钢筋骨架上每隔（　　）m沿圆周等距离焊接四根，一根桩柱中共24根。在桩基础底部有（　　）cm的素混凝土（无钢筋的混凝土）。

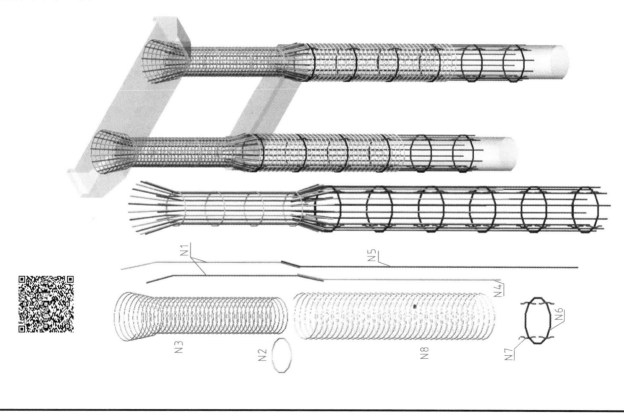

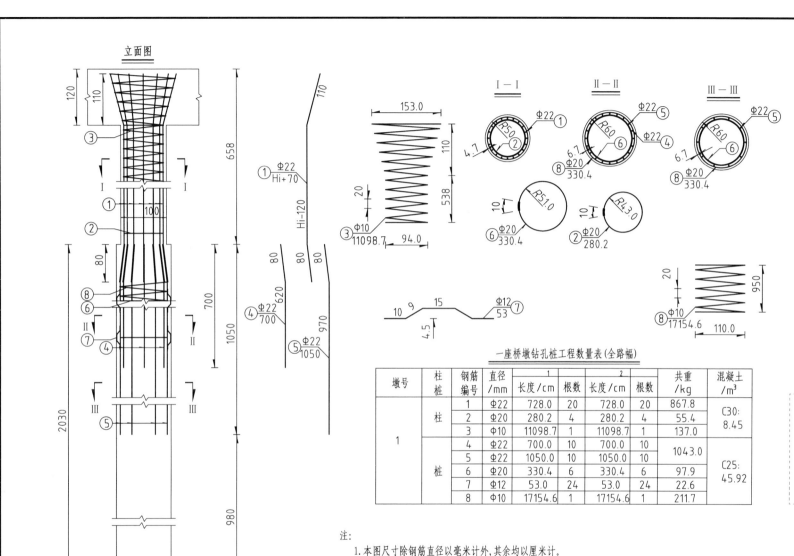

墩号	柱桩	钢筋编号	直径/mm	长度/cm	根数	长度/cm	根数	共重/kg	混凝土/m³
1	柱	1	Φ22	728.0	20	728.0	20	867.8	C30:8.45
		2	Φ20	280.2	4	280.2	4	55.4	
		3	Φ10	11098.7	1	11098.7	1	137.0	
	桩	4	Φ22	700.0	10	700.0	10	1043.0	C25:45.92
		5	Φ22	1050.0	10	1050.0	10		
		6	Φ20	330.4	6	330.4	6	97.9	
		7	Φ12	53.0	24	53.0	24	22.6	
		8	Φ10	17154.6	1	17154.6	1	211.7	

一座桥墩钻孔桩工程数量表(全路幅)

桥墩桩基础钢筋构造图

注:
1. 本图尺寸除钢筋直径以毫米计外,其余均以厘米计。
2. 加强箍筋2号和6号在钢筋骨架上每隔2m焊接一根,定位钢筋7号在钢筋骨架上每隔2m沿圆周等距离焊接四根。
3. 2号和6号钢筋搭接处采用双面焊。
4. 伸入盖梁内的1号筋做成喇叭形,大约与竖直线倾斜15°;盖梁若受构造限制,部分钢筋可不做成喇叭形。
5. 横向柱号顺序为从左至右。

项目十二　识读涵洞工程图

12-1　参照立体图及钢筋混凝土盖板涵一般构造图，回答下列问题。

1. 该钢筋混凝土盖板涵洞顶无填土属于（　　）涵，路面宽度为（　　）cm，涵洞轴线与道路中心线的夹角为（　　），路基边坡的坡度为（　　），Ⅰ—Ⅰ断面图的剖切平面与道路中心线的夹角为（　　）。
2. 洞底铺砌的厚度为（　　）cm，砂砾垫层的厚度为（　　）cm，洞口铺砌的厚度为（　　）cm。
3. 洞口铺砌的水平形状为（　　）形，洞底铺砌及砂砾垫层的水平形状为（　　）形，涵台基础的水平形状为（　　）形，洞口铺砌水平形状有两个角是直角，在立体图中指出其位置。小翼墙基础的水平形状为直角（　　）形，洞顶盖板（中板）的水平形状为（　　）形。
4. 在Ⅰ—Ⅰ断面图中指出涵台、涵台基础、台帽、洞底铺砌、砂砾垫层的断面。涵台基础的高度为（　　）cm，涵洞净高度为（　　）cm。
5. 涵台、涵台基础、洞底铺砌、翼墙、翼墙基础、截水墙各为（　　）、（　　）、（　　）、（　　）、（　　）、（　　）材料。

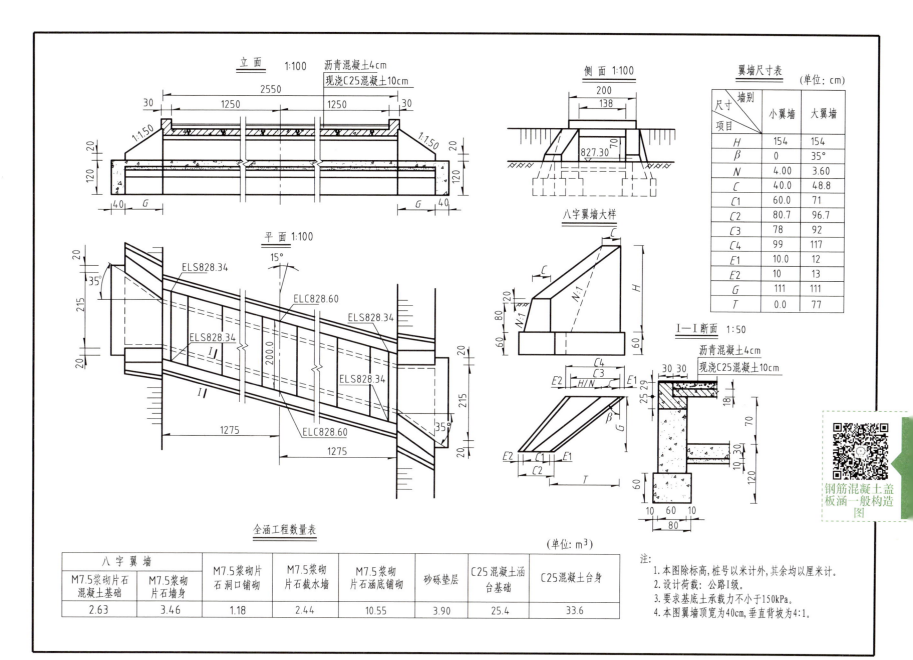

12-2 识读钢筋混凝土圆管涵一般构造图，回答下列问题。

1. 路基边坡分为两段，两段的坡度分别为（   ）、（   ），两坡段之间的平台宽度为（   ）cm，平台距路面的距离是（   ）cm。洞顶填土高度为（   ）cm，涵洞轴线所在位置路基边缘处的设计标高为（   ）m。道路路面宽度为（   ）cm。涵身长度为（   ）cm。
2. 端墙长度为（   ）cm，宽度为（   ）cm，高度为（   ）cm。
3. 截水墙的尺寸为（   ）cm×（   ）cm×（   ）cm。截水墙的材料为（   ），单个截水墙材料用量为（   ）m^3。洞口铺砌的水平形状为（   ），尺寸为（   ）cm×（   ）cm×（   ）cm。单个洞口铺砌 M7.5 浆砌片石用量为（   ）m^3。
4. 锥形护坡的长轴半径为（   ）cm，短轴半径为（   ）cm，高度为（   ）cm。锥形护坡浆砌片石厚度为（   ）cm。
5. 洞底水稳砂砾垫层厚（   ）cm，混凝土管基厚（   ）cm。
6. 在三面投影图中用彩色的铅笔描出圆管的投影。圆管的管径为（   ）cm，管壁厚度为（   ）cm，（   ）侧为进口。

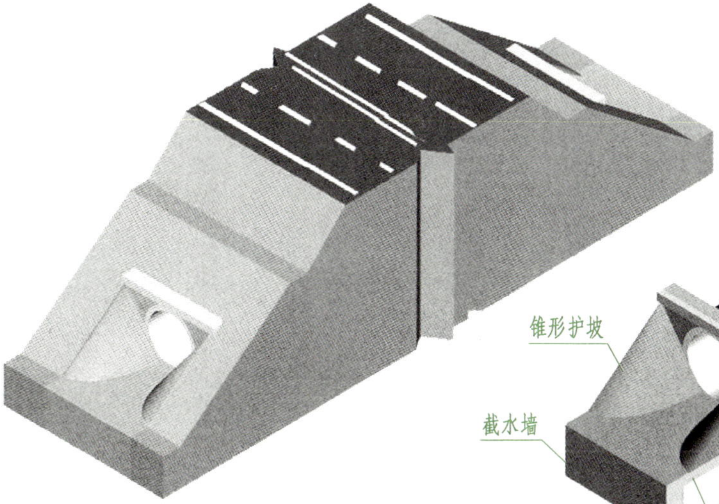

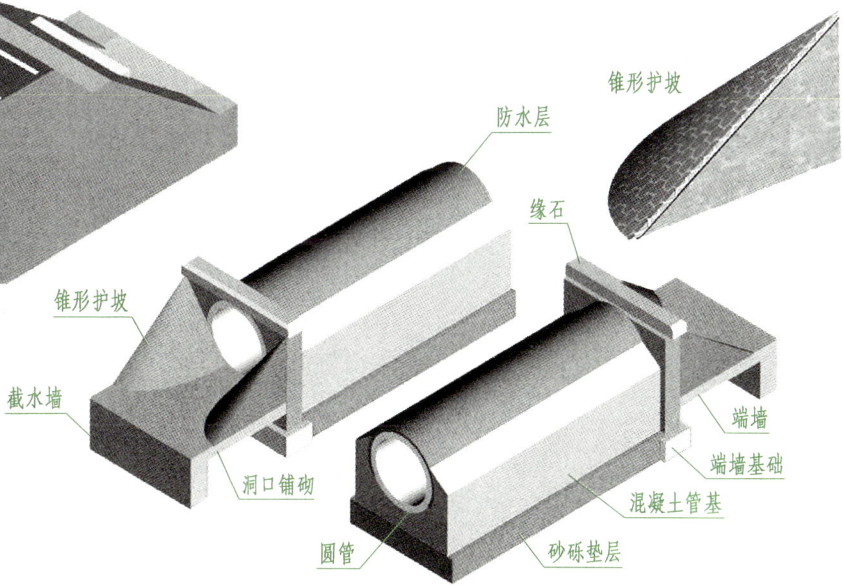

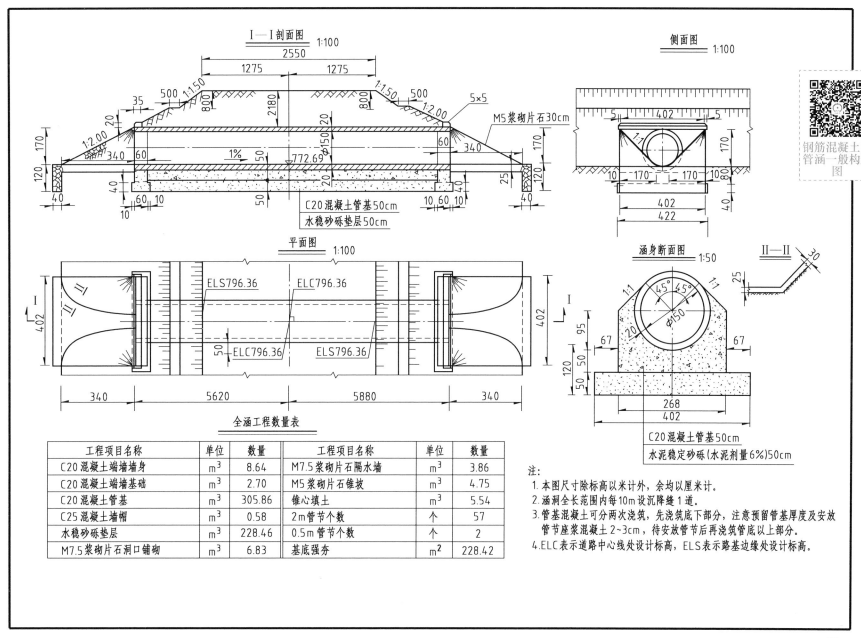

12-3 参照立体图及石拱涵一般构造图，回答下列问题。

注：该拱涵的左侧地面高度较高，右侧较低，在 10.8m 的范围内高度差为 1015.50m − 1014.42m = 1.08m，坡度可达 10%，该涵洞分成三段，一段与另一段有一定的落差，图上有标注。该图的水平投影是假想去掉护拱后的投影。

1. 该石拱涵洞顶道路中心线处的填土高度为（　　）cm，路基宽度为（　　）cm。路基边坡的坡度为（　　）。洞底道路中心线处的标高是（　　）m，洞底坡度为（　　），两段涵身之间的落差是（　　）cm。中间段涵身两端之间的水平距离为（　　）cm。

2. 在涵身断面图中指出涵台基础、涵台、拱圈、护拱、洞底铺砌、洞底垫层的断面。端墙基础的高度为（　　）cm，涵台基础的高度为（　　）cm。

3. 洞底铺砌、洞底垫层的厚度为（　　）cm、（　　）cm。

4. 侧面图 Ⅱ—Ⅱ 方向的投影图画的是（　　）洞口的投影，进洞口与出洞口的（　　）的锥形护坡更长一些。

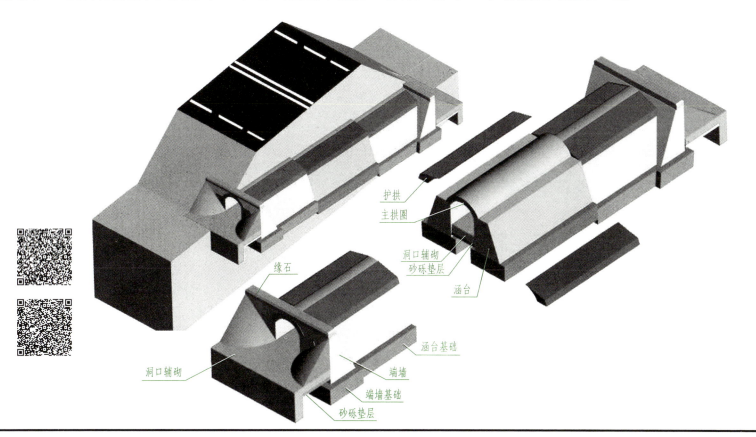

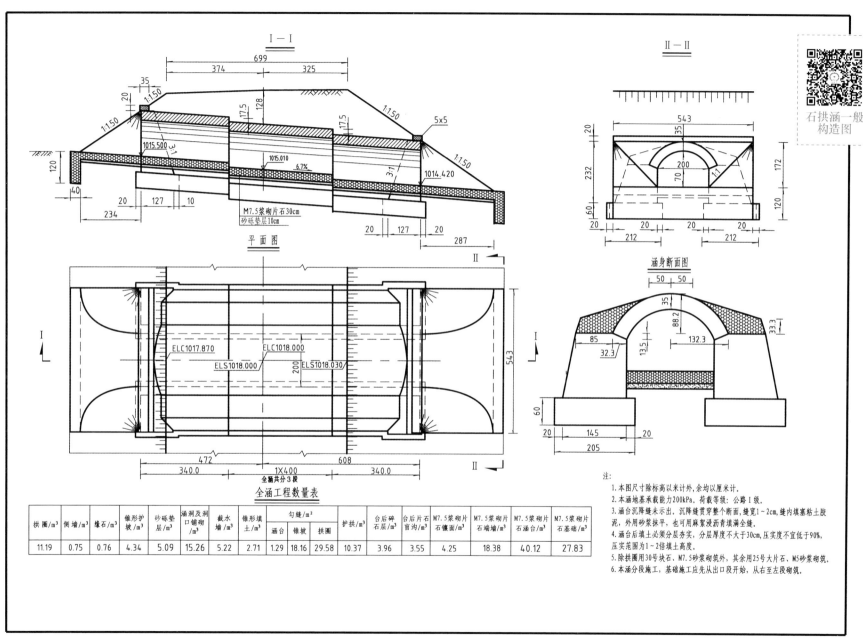

项目十三 识读隧道工程图

13-1 参照立体及隧道洞门投影图,回答下列问题。

1. 立面图是垂直于路线中心线的剖面图,剖切平面在洞门前。侧面投影图为纵剖面图,剖切平面通过路线中心线,投影方向为从（   ）向（   ）。

2. 在立面图和侧面图上用彩色铅笔涂出洞门墙、洞顶帽石、洞门墙基础的投影图。

3. 从平面图中可见洞内排水沟与洞外边沟的汇集情况及排水路径,由洞内外水沟处标注的箭头可以看出排水路径是由洞（   ）排向洞（   ）;可以看出洞顶排水沟的走向及排水坡度,排水沟的坡度分为三段,每段的坡度分别为（   ）、（   ）、（   ）（从右向左）。

4. 明洞回填底部为600cm高的浆砌片石,上面是夯实碎石土,请在立面图上标出明洞浆砌片石回填及夯实碎石土的位置。

5. 从水平投影图中可以看出行车道、左侧硬路肩、右侧硬路肩、土路肩、边沟、碎落台的宽度分别为（   ）cm、（   ）cm、（   ）cm、（   ）cm、（   ）cm、（   ）cm。

6. 由侧面图可见明洞洞顶仰坡坡度为（   ）,暗洞洞顶仰坡坡度为（   ）;由立面图可见洞口边坡分为两级,中间设置平台,边坡坡度为（   ）cm,平台宽度为（   ）cm。

7. 该隧道洞门桩号为（   ），明暗洞交界处的桩号为（   ），洞门衬砌拱顶的厚度为（   ）cm。

隧道洞口立体图（1）

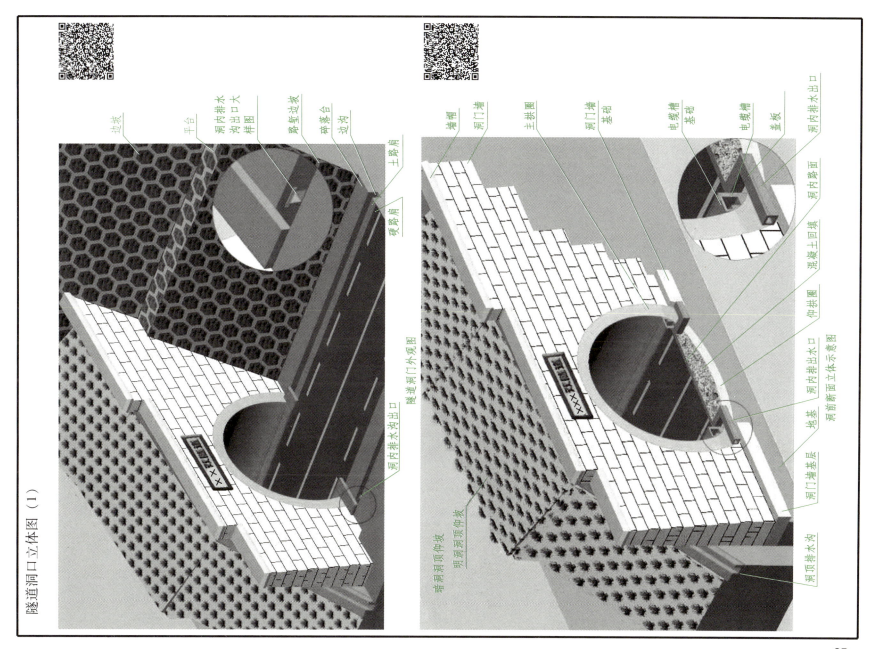

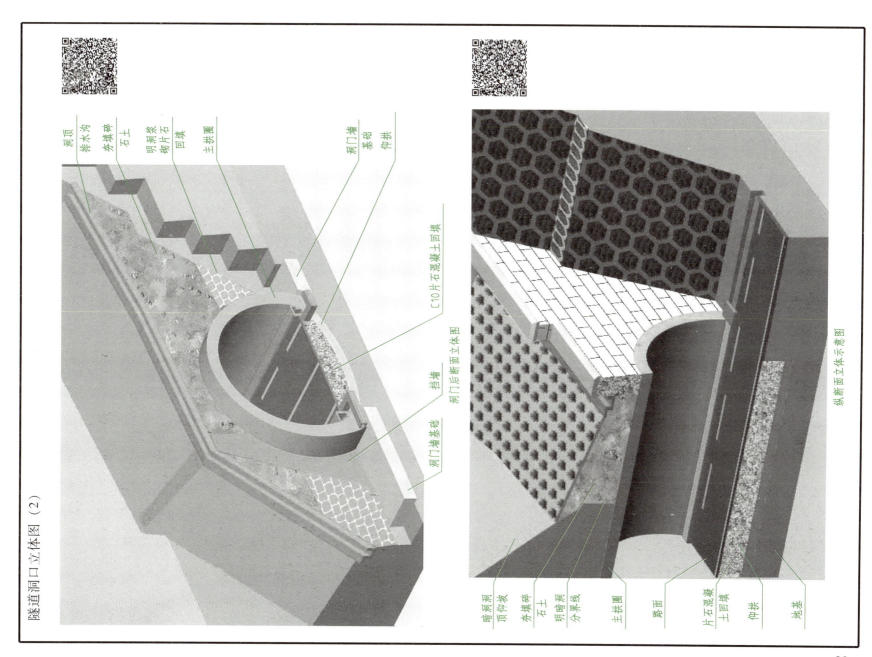

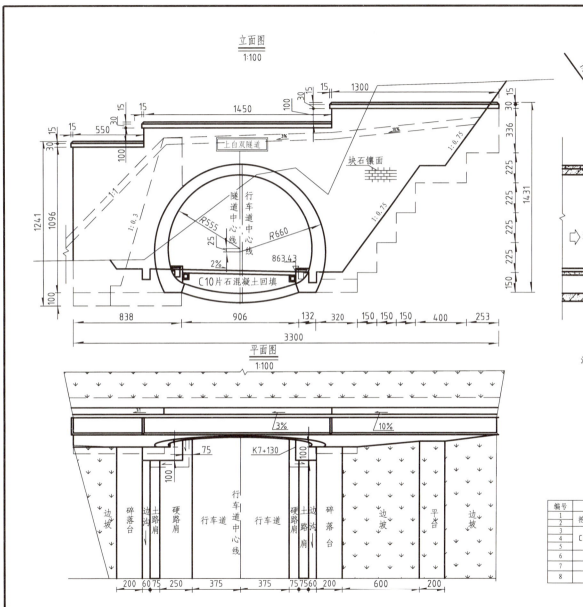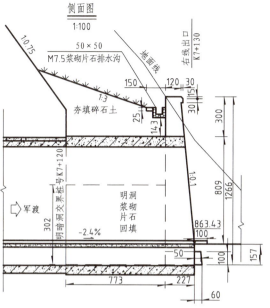

13-2 阅读图示隧道衬砌断面设计图，回答提出的问题。

1. 该设计图适用于 V 级围岩段，超前支护采用 $\phi50$ 超前小导管注浆支护，其两相邻超前小导管圆周方向的间距（环向间距）为（　　）cm。小导管长度为（　　）m。

2. 该围岩段在过石质层时采用（　　）锚杆，过土质层时采用（　　）锚杆。每环锚杆数量为（　　）根，锚杆长度为（　　）m，锚杆纵向间距为（　　）cm。

3. 初期支护喷射混凝土厚度为（　　）cm。钢筋网片的钢筋直径为（　　）mm。

4. 主拱圈二次衬砌现浇 C25 混凝土的厚度为（　　）cm。仰拱二次衬砌现浇 C25 混凝土的厚度为（　　）cm。

5. 洞内路面横坡为（　　）。

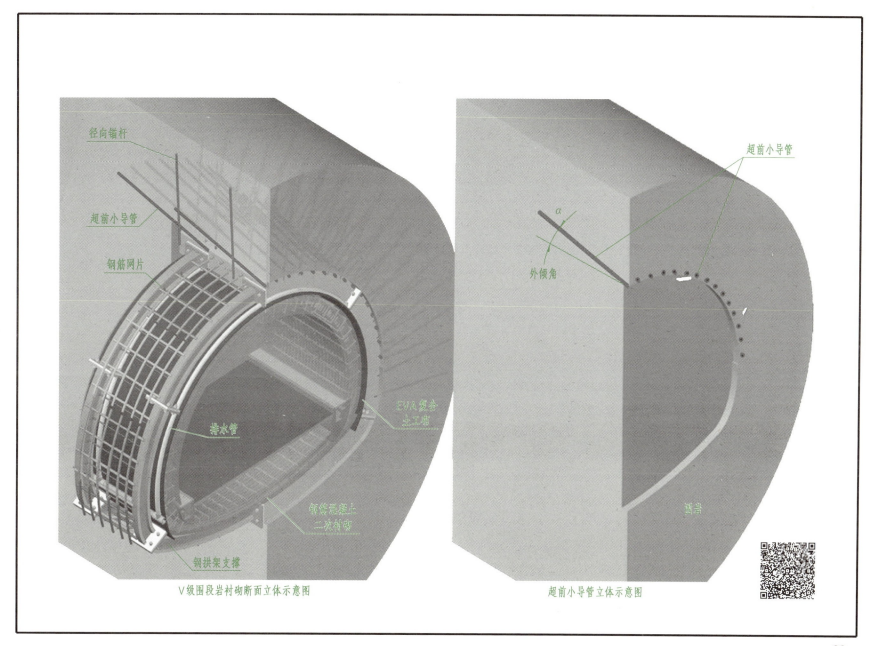

V级围段岩衬砌断面立体示意图　　超前小导管立体示意图

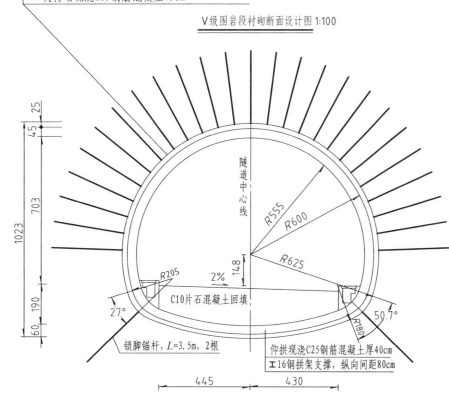

- $\phi50$超前小导管注浆支护，环向间距40cm，$L=4.3m$，$\alpha=10°$
- $\phi25$自钻式锚杆，$L=3.5m$，间距80cm×80cm（石质）
- $\phi22$砂浆锚杆，$L=3.5m$，间距80cm×80cm（土质）
- I16钢拱架支撑，纵向间距80cm
- 喷C25混凝土25cm，$\phi8$钢筋网，20cm×20cm
- $\phi50$环向排水管，EVA复合土工布
- 二次衬砌现浇C25钢筋混凝土45cm

V级围岩段衬砌断面设计图 1:100

每延米工程数量表

序号	项目	规格	单位	数量	备注
1	土石开挖		m³	103.79	
2	钢导管	$\phi50$	kg	219.6	壁厚4mm
3	注浆	水泥水玻璃浆	m³	3.53	
4	自钻式锚杆	$\phi25$	m	126.88	石质中采用每环29根
	砂浆锚杆	$\phi22$	kg	378.10	土质中采用每环29根
5	$\Phi8$钢筋网片	20cm×20cm	kg	93.33	
6	喷混凝土	C25	m³	6.23	
7	型钢钢架	I16	kg	637.35	
8	钢板	260mm×220mm×20mm	kg	67.35	
9	高强螺栓、螺母	AM20	kg	5.70	
10	纵向连接钢筋	II级	kg	89.44	
11	拱圈二次衬砌	C25	m³	10.45	
12	拱圈二衬钢筋	II级	kg	698.22	
13	拱圈二衬钢筋	I级	kg	100.21	
14	仰拱现浇混凝土	C25	m³	6.57	
15	纵向连接筋	II级	kg	40.22	
18	仰拱钢筋	II级	kg	364.45	
19	仰拱钢筋	I级	kg	43.19	
20	仰拱回填	C10	m³	10.44	
21	喷涂		m²	20.19	

注：
1. 本图尺寸除钢筋直径、锚杆直径、钢板以毫米计外，其余均以厘米计。
2. 本图适用于V级围岩段。
3. 施工中若围岩划分与实际不符时，应根据围岩监控量测结果，及时调整开挖方式和修正支护参数。
4. 施工中应严格遵守短进尺、弱爆破、强支护、早成环的原则。
5. 隧道施工预留变形量10cm。
6. 初期支护的锚杆应尽可能地与钢拱架焊接。
7. 隧道过石质层时采用$\phi25$自钻式锚杆，过土质层时采用$\phi22$砂浆锚杆。

隧道衬砌断面设计图

13-3 参照立体图及 V 级围岩浅埋段钢拱架支撑构造图，回答下列问题。

1. 两榀钢拱架之间的纵向间距为（   ）cm，并在两榀钢拱架之间焊接有纵向连接钢筋2，纵向连接钢筋2的环向距离为（   ）cm，一榀钢拱架有纵向连接钢筋2约（   ）根。

2. 钢拱架采用工字钢型号为（   ），工字钢高度为（   ）cm。

3. 节点A处经螺栓拼接，每个接点处有（   ）个螺栓连接，每一榀钢拱架上共（   ）个螺栓连接，连接钢板的尺寸为（   ）mm ×（   ）mm ×（   ）mm。

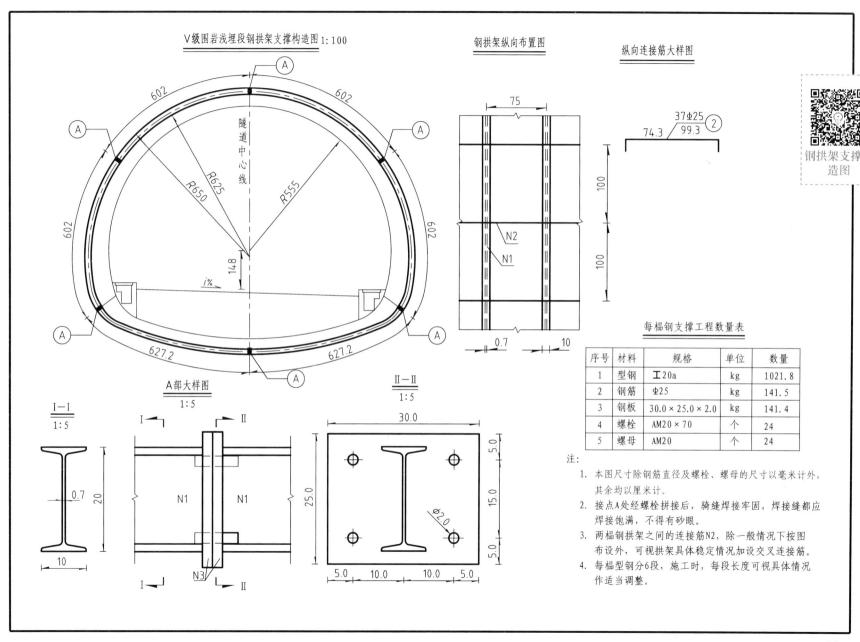

13-4* 参照立体图及隧道Ⅲ级围岩段二次衬砌钢筋设计图，回答下列问题（为了较清楚地表达钢筋的分布情况，立体示意图中箍筋的数量比实际要少）。

1. Ⅲ级围岩段采用了钢筋混凝土二次衬砌，该围岩段没有设置仰拱只有主拱圈，主拱圈的二次衬砌的内圈半径为（　　）cm，外圈半径为（　　）cm，二次衬砌的厚度为（　　）cm。

2. 主筋的纵向（隧道轴向）间距为（　　）cm，每延米有主筋（　　）圈。

3. 箍筋的环向间距为（　　）cm，拱圈部分箍筋有（　　）个间距，一圈有（　　）根，每延米有箍筋（　　）圈，每延米共有箍筋（　　）根。

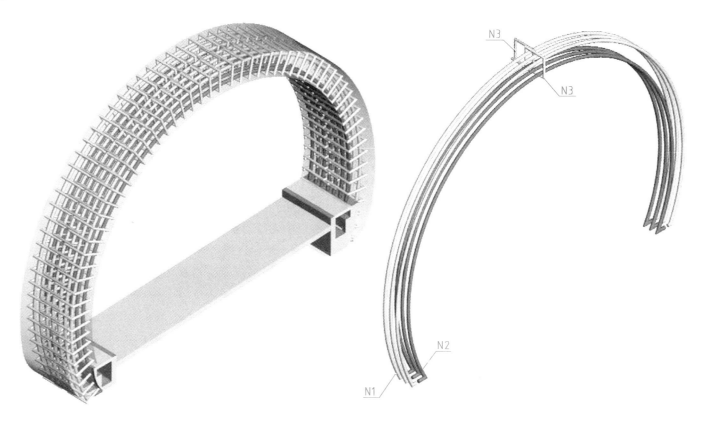

Ⅲ级围岩段二次衬砌钢筋设计图 1:100

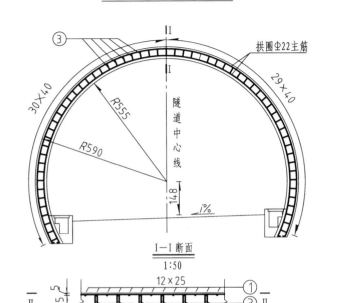

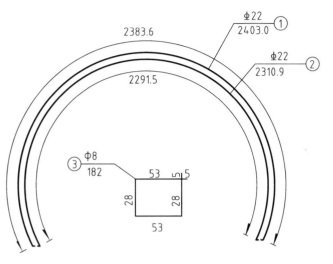

二次衬砌钢筋设计图

每延米衬砌钢筋数量表

序号	规格	每根长/cm	每延米根数/根	每延米总长/m	重量/kg	总重/kg
1	⊈22	2403.0	4	96.1	286.4	561.9
2	⊈22	2310.9	4	92.4	275.5	
3	Φ8	182.0	120	206.4	81.6	86.3

注：
1. 本图尺寸除钢筋直径以毫米计外，其余均以厘米计。
2. 图中环向箍筋间距为40cm，主筋混凝土保护层为5cm。

94

参 考 文 献

[1] 刘雪松，姚青梅. 道路工程制图［M］. 4 版. 北京：人民交通出版社股份有限公司，2021.
[2] 何铭新，钱可强，徐祖茂. 机械制图［M］. 北京：机械工业出版社，2016.